Werner Hau
Traumziel Lehrer

D1641941

Werner Hau

Traumziel Lehrer

Aufgeben war keine Option für mich

edition fischer

Beim Schreiben habe ich bewusst darauf verzichtet, eine gendergerechte Sprache zu verwenden und immer die weibliche und männliche Person aufzuführen.

Bibliografische Information der Deutschen Nationalbibliothek:
Die Deutsche Nationalbibliothek verzeichnet diese Publikation in der Deutschen Nationalbibliografie; detaillierte bibliografische Daten sind im Internet über http://dnb.dnb.de abrufbar.

© 2020 by edition fischer GmbH
Orber Str. 30, D-60386 Frankfurt/Main
Alle Rechte vorbehalten
Titelbild: christianchan – 123rf.com
Schriftart: Bergamo 11 pt
Herstellung: ef/bf/1B
ISBN 978-3-86455-171-0

Inhalt

Aller Anfang ist nicht immer leicht

Es war der 13. April 1948, als ich ins Leben meiner Eltern trat. Gleich nach meiner Geburt meldete ich mich lautstark zu Wort. Für meine junge Mutter Maria war ich das pure Glück. Liebevoll hielt sie mich, ihren Erstgeborenen, im Arm. Eher skeptisch beäugte mich dagegen mein Vater Ludwig, denn die Nachkriegszeit war schwer und nun musste auch noch dieser kleine Schreihals versorgt werden.

Der zweite Weltkrieg war noch nicht lange vorbei und mein Vater hatte das große Glück, als noch junger Mann unversehrt in seine saarländische Heimatstadt Bexbach zurückkehren zu können. Sein dringender Wunsch war es, eine Berufsausbildung zu absolvieren, damit er wirtschaftlich auf eigenen Beinen stehen konnte und bestimmt auch, um all die schrecklichen Kriegserlebnisse hinter sich zu lassen. Eine Lehrstelle zu finden, gestaltete sich äußerst schwierig, denn die Wirtschaft in der Kleinstadt im Saarland lag danieder und es gab kaum Ausbildungsstellen. Aber auch hier hatte er Glück: In einem Unternehmen im nahegelegenen Neunkirchen bot man ihm an, ihn zum Buchbinder auszubilden. Diese Aufgabe nahm er gerne an und absolvierte schließlich noch die Meisterprüfung.

Die Arbeit als frisch gebackener Buchbindermeister bereitete ihm Spaß, mit Hingabe band er die ihm von Kunden anvertrauten Bücher. Im Laufe der Zeit bildete er sich auch im Restaurieren immer weiter und konnte so seine kreative Ader zum Ausdruck bringen, die sich in einer späteren Phase seines Lebens in der erfolgreichen Teilnahme an Ausstellungen zeigte. Damals beispielsweise, durfte er die wertvollen Bilder, die bei einem Einbruch in die katholische Kirche zerstört wurden, wiederherstellen und ihnen die ursprüngliche Schönheit zurückgeben.

Trotz all der Arbeit hatte er sich alsbald in eine junge, verständnisvolle und sehr engagierte Frau namens Maria verliebt. Mit ihr gründete er eine Familie und im Laufe der nächsten Jahre bekam ich zwei Schwestern und noch einen Bruder. Meine Eltern waren sehr fleißige Menschen und so verfolgten sie zielstrebig ihren Plan, ein Unternehmen zu gründen. Das erste Geschäft eröffneten sie bereits kurz nach meiner Geburt. Dort wurden Bücher, Zeitschriften, Schreib- und Spielwaren verkauft und mein Vater rahmte Bilder oder restaurierte Bücher in seiner darüber liegenden Werkstatt. Für mich war der Laden ein wunderbarer Ort, eine Oase, gab es doch vieles zu entdecken und auszuprobieren.

Außerdem sorgten die Angestellten, die meine Eltern inzwischen beschäftigten, sowie die Kunden für Abwechslung. So kam ich bereits als kleines Kind gerne mit vielen Menschen in Kontakt. Ich glaube, sowohl die Neugierde als auch die Kontaktfreudigkeit entwickelten sich hier bereits von klein auf, zwei Eigenschaften, die mich bis heute begleiten sollten.

Man hatte mich auf den germanischen Namen Werner getauft, der in seiner ursprünglichen Bedeutung für »sich wehren, sich schützen« steht. Und wehren musste ich mich sehr häufig. So entstand bereits in frühen Jahren – natürlich unbewusst – die Devise: Nur nicht aufgeben! Aber ich hatte ein freundliches, eher ruhiges Wesen. Während meine Mutter immer den liebevollen Part übernahm, sich, wenn nötig, helfend und schützend vor ihren Erstgeborenen stellte und ihm fast immer Verständnis entgegenbrachte, pflegte dagegen mein Vater – zumindest bei mir – einen seltsamen Erziehungsstil. Den Buben in den Arm zu nehmen, ihn für etwas zu loben, was er gut gemacht hatte,

glaubte er, schade dem Jungen nur, härte ihn nicht für das Leben ab. Provozieren, herausfordern, kleinhalten empfand er als die besseren Erziehungsmittel. Wahrscheinlich dachte mein Vater, dass ich überheblich und träge werden würde und dass meine Motivation auf der Strecke bliebe. Dieses Erziehungsziel, das muss man ihm zugestehen, hat er zumindest erreicht. Denn faul war ich nie, habe stets versucht, meinen Vater von mir und meinen Leistungen zu überzeugen. Schade! Das habe ich leider nie geschafft, was mir noch heute als Siebzigjähriger leidtut.

Erste Erfahrungen als Schüler hinter der Ladentheke

Als ich schulpflichtig wurde, besuchte ich zunächst die Volksschule in Bexbach. An meine Schulzeit habe ich grundsätzlich gute Erinnerungen, aber keine sehr detaillierten. Mit den meisten meiner Klassenkameraden verstand ich mich prima, auch mit den Lehrkräften hatte ich keine nennenswerten Probleme, bzw. sie nicht mit mir. Nach dem Unterricht lief ich mittags nach Hause und setzte mich nach dem gemeinsamen Essen pflichtbewusst an meine Hausaufgaben, wenn auch nicht mit übergroßem Eifer.

Als ich etwas älter wurde und die ersten sechs Schuljahre hinter mir lagen, hörte ich von meinen Eltern immer öfter: »Mache deine Aufgaben ordentlich, aber wenn wir dich nachmittags im Laden brauchen, rufen wir dich.«

Eine Konzentration rein auf die schulischen Arbeiten war damit dahin. Mit einem Ohr lauschte ich vom zweiten Stock ins Erdgeschoss, ob jemand nach mir rief. So kam es, dass ich als ungefähr Dreizehnjähriger des Öfteren im elterlichen Geschäft hinter der Ladentheke stand, um aus- bzw. mitzuhelfen, wenn viel Betrieb herrschte. Eigentlich machte mir diese Tätigkeit ja Spaß, kam sie doch meinem Naturell, mit Menschen zu kommunizieren, ziemlich entgegen. Besonders gerne verkaufte ich Teile der elektrischen Modelleisenbahn und die dazugehörigen Häuschen oder Figuren, sozusagen das gesamte Equipment. Vielleicht hätte ich selbst gerne eine solche Anlage besessen. Gut, dazu kam es nicht, vielleicht hatten meine Eltern mit Platzgründen dagegen argumentiert. Aber wir boten auch Modellflugzeuge zum Verkauf an, für die ich mich begeisterte. Mit viel Gefühl und Geduld baute ich die zahlreichen einzelnen Teile zusammen und freute mich sehr, wenn ich sie auf einem Feld am Ortsrand zum Fliegen bringen konnte. Meine Freunde teilten dieses Hobby nicht mit mir, sodass ich meist allein loszog, um mein selbstgebautes Modell aufsteigen zu lassen. Das ging in Ordnung, ich liebte zwar den Umgang mit anderen Menschen, konnte aber auch gut mit mir allein sein. So stand ich am Rande eines Ackers und konzentrierte mich auf mein Flugzeug. Einen Blick für die Schönheit der Natur hatte ich damals leider noch nicht. Heute würde ich mich an dem Blick in die Weite, an dem Wolkenspiel über mir und an den Kartoffelpflanzen, die vor mir wuchsen, erfreuen. Als Jugendlicher war diese Perspektive nur rudimentär entwickelt.

Nach dem Besuch der Bexbacher Volksschule wechselte ich nach Homburg/Saar an die sogenannte Mittelschule mit dem Ziel, die Mittlere Reife zu absolvieren. Ich hatte das Glück einen großartigen, einfühlsamen Klassenlehrer zu haben. Der leicht untersetzte Pädagoge mit seinem gütigen Gesichtsausdruck war stets korrekt gekleidet mit Anzug und weißem

Hemd. Er interessierte sich sehr für seine Schützlinge, führte immer wieder aufbauende Gespräche mit ihnen und scheute auch vor häuslichen Besuchen nicht zurück. Auch bei meinen Eltern stand er plötzlich nachmittags im Laden.

Natürlich bekam er mit, dass ich häufig im elterlichen Geschäft mithelfen musste und mir somit die Zeit für zusätzliches Lernen fehlte. Für meine Situation zeigte er stets Verständnis. Einerseits fühlte ich mich verantwortlich, meine Eltern bei ihrer Existenzsicherung zu unterstützen, andererseits konnte ich mich auch nicht voll auf meine schulischen Aufgaben konzentrieren. Folglich ging auch die eine oder andere Klassenarbeit daneben. Mein Klassenlehrer verstand es, mich dann aber immer wieder zu motivieren und mir klar zu machen, dass ich meinen schulischen Weg unbedingt fortführen müsse, auch wenn nicht alles auf Anhieb glatt laufe. Er lobte mich, natürlich nicht für eine schlechte Note, aber für anderes, was ich augenscheinlich gut gemacht hatte. Und er sprach mir Mut zu, an mich zu glauben und mich von Rückschlägen nicht unterkriegen zu lassen. Offensichtlich erkannte er in mir Potential, im Gegensatz zu meinem Vater. Bis heute bin ich ihm dankbar, dass er sich damals so für mich eingesetzt hat und mir damit Zuversicht und mehr Selbstvertrauen verlieh.

Zu Hause lief bei einer schlechten Beurteilung ein ganz anderes Programm ab.

Meine Eltern fragten mich: »Welche Note hat denn dein Freund bekommen?«

Meistens musste ich gestehen: »Der hat eine Note besser.«

Im umgekehrten Falle, auch den gab es, dass ich besser abgeschnitten hatte, spielte der Vergleich überhaupt keine Rolle. Diese offenkundige Ungerechtigkeit nagte sehr an meinem Ego.

Häufig setzte mein Vater dann noch mit einer Drohung nach: »Mache nur so weiter, dann landest du zukünftig auf dem Bau!«

Verbal konnte ich zu diesem Zeitpunkt leider mit nichts dagegenhalten.

Arbeitsintensive Ferien

Inzwischen war ich in einem Alter angelangt, in dem man sich normalerweise auch für das andere Geschlecht interessierte. Auch ich schaute den hübschen Mädels nach und die eine oder andere hätte ich gerne einmal zu einem Eis in die Eisdiele eingeladen. Nun muss man wissen, dass ich für meinen Einsatz in unserem Geschäft kein Geld bekam und auch Taschengeld war Fehlanzeige. Wenn ich etwas benötigte, ging ich zu meinen Eltern und bat sie um den entsprechenden Geldbetrag. Wenn ich meinen Vater gefragt hätte: »Papa, kannst du mir fünf Mark geben, damit ich Rita zu einem Eis einladen kann?«, dann hätte ich im Voraus darauf wetten können, wie die Antwort ausfallen würde.

»Was mit Mädchen anfangen, in deinem Alter? Mache zuerst einmal deine Schule zu Ende!«

Auf eine derartige Reaktion konnte ich verzichten und machte mir deshalb Gedanken, wie ich zu dem einen oder anderen Geldschein kommen konnte. Einen Versuch hatte ich bereits früher schon einmal gestartet. Bei einem ortsansässigen Bauern wollte ich bei der Kartoffelernte helfen.

Bei meinen Eltern traf das auf wenig Gegenliebe, von meinem Vater wurde mein Wunsch jäh zunichte gemacht: »Wir brauchen dich im Laden!«

Häufig ließen sich ältere Kunden ihre bei uns erworbenen

Zeitungen nach Hause bringen, was meistens ich dann mit meinem Fahrrad erledigte. Aber auch das war keine einträgliche Geldquelle, denn die Leute hielten sich mit einem »Trinkgeld« sehr zurück und nur selten bekam ich eine Münze zugesteckt. Vielleicht hatten sie in dieser Zeit auch Mühe, mit ihren Renten zurechtzukommen.

Also musste für mich ein neuer Plan her. Ich erinnerte mich an die häufige väterliche Drohung, einmal auf dem Bau zu landen. Nun ergriff ich dafür selbst die Initiative und stellte mich bei einem Bauunternehmer vor. Diesmal fragte ich nicht bei meinen Eltern um Erlaubnis, sondern nahm den angebotenen Ferienjob am Bau an. Um es klar zu sagen, die Arbeit hinter der Ladentheke unseres Geschäftes war die eindeutig leichtere und angenehmere, aber die weniger lukrative! Auf der Baustelle, auf der ein recht rauer Umgangston gepflegt wurde, ging es sehr früh los, das hieß für mich um fünf Uhr morgens aufstehen, zu einer Zeit also, die bei einem Jugendlichen keine Begeisterung hervorrief. Dann hieß es Säcke schleppen, Nachschub für die Bauarbeiter besorgen und abends todmüde, ausgepowert und mit Rückenschmerzen ins Bett fallen. Von dem heutigen Arbeitnehmerschutzgesetz konnte man damals nur träumen. Meine liebe Mutter unterstützte mich in diesen Wochen und weckte mich morgens in aller Herrgotts Frühe. Vermutlich war sie doch irgendwie stolz auf ihren Erstgeborenen, dass er solche Strapazen auf sich nahm und bis zum Ende durchhielt. Und stolz war ich auch auf mich, denn ich hatte diesen Job allein, auf eigene Initiative bekommen. Das stärkte mein Selbstvertrauen, trotz all der körperlichen Schinderei.

Ein Jahr später suchte ich mir erneut einen Ferienjob und landete bei dem Autozulieferer Eberspächer in Bexbach, der

Einzelteile für den Karosseriebau in alle Welt verschickte. Dort musste ich helfen, Lkw zu beladen.

Zum ersten Mal in meinem Leben kam ich mit taubstummen Menschen in Berührung. Mit ihnen zusammen zählte ich Schalldämpfer, um sie für den Transport fertig zu machen. Durch die Zusammenarbeit mit diesen Menschen mit einer schweren körperlichen Beeinträchtigung entwickelte sich langsam eine Sensibilität in mir für den Umgang mit Andersartigem. Eine Bereicherung für mein Leben.

Bei meinem Einsatz bei Eberspächer machte ich eine weitere, einmalige Erfahrung: Ich durfte als Beifahrer in einem großen Lkw mitfahren, was für mich faszinierend war. Diese Sehnsucht überkommt mich manchmal noch heute. Aus diesem Grund fotografiere ich gerne die Kolonnen von Lkw, die oft an den Autobahnrastplätzen zu finden sind. Dann stelle ich mir vor, hinter dem Lenkrad einer dieser vor Kraft strotzenden Maschinen zu sitzen und den roten Truck – rot muss er schon sein oder eine andere auffallende Lackierung haben – gen Süden zu lenken und den vermeintlichen Geruch von Freiheit zu spüren.

Foto: Werner Hau

Dieser Teil der Arbeit, nämlich im Lkw mitzufahren, gefiel mir sehr, der nächste allerdings weniger. Denn unsere Ladung brachten wir zu den Waggons der Deutschen Bahn, um sie auf diese umzuladen. Beim ersten Mal erlebte ich dabei einen kleinen Schock, denn dieser Waggon stank fürchterlich. Die Erklärung war einfach: In ihm waren zuvor Schweine transportiert worden und auf eine gründliche Reinigung hatte man wohl verzichtet. Aber auch an diese Arbeit mit dem besonderen Dufterlebnis gewöhnte ich mich in den nächsten Tagen.

Mein Berufswunsch entsteht

Eines wurde mir aber nach meinen beiden Ferienjobs klar: Ein Leben lang wollte ich eine solche Arbeit nicht ausführen. In mir verfestigten sich deshalb die Erkenntnis und das Ziel, mein Abitur absolvieren zu müssen. Die Prüfung zur Erlangung der Mittleren Reife hatte ich inzwischen mit Erfolg abgeschlossen.

Nun meldete ich mich in Saarbrücken auf dem Wirtschaftsgymnasium an. Mit meiner Klassenkameradin Petra, mit der ich mich gleich gut verstand, fuhr ich täglich mit dem Zug dorthin. Die Fahrzeit nutzten wir, um nochmals in ein Schulbuch zu schauen oder um die Hausaufgaben abzugleichen. Petra war eine sehr gute Schülerin, ich habe sie immer beneidet. Sie hatte eine rasche Auffassungsgabe und konnte die Dinge behalten, zumindest bis zur nächsten Überprüfung. Manchmal trafen wir uns auch zu dritt mit einem weiteren Klassenkameraden bei mir zu Hause, um gemeinsam zu lernen.

In der neuen Schule stand neben den Wirtschaftsfächern die Fremdsprache Französisch neu auf dem Stundenplan. Das Saarland grenzt ja unmittelbar an Frankreich, aber dennoch bereitete mir das Erlernen der französischen Sprache große Schwierigkeiten. Ausgerechnet unser Klassenlehrer unterrichtete dieses Fach. Mit seiner Art des Unterrichtens kam ich überhaupt nicht zurecht. Auch einigen meiner Klassenkameraden erging es so. Uns fehlten Erklärungen, ansprechende Texte und Situationen aus unserer Realität und keine Abhandlungen, beispielsweise über die Montanunion – schlichtweg: Es fehlte die Motivation. Wenn der Französischlehrer mit uns besprochen hätte, wie wir mit Jugendlichen in unserem Alter beim nächsten Frankreichaufenthalt ins Gespräch kommen können oder genauer gesagt, wie man ein französisches Mädchen anquatscht, ohne dass es peinlich wird, hätte wahrscheinlich auch ich mit der Fremdsprache in diesem ersten Schuljahr meinen Frieden schließen können.

Heute dagegen bin ich süchtig nach dem Klang und der Melodie dieser wunderbaren französischen Sprache. So zieht es mich immer wieder nach Saargemünd, einem beschaulichen Städtchen direkt hinter der französischen Grenze, um all jene Dinge in dem weitläufigen Supermarkt einzukaufen, die es in Deutschland nicht gibt. Außerdem habe ich das elegante Arcachon an der Atlantikküste mit seinen zahlreichen denkmalgeschützten Villen sowie mit seinem wie Disney-Land anmutenden Casino zu meinem liebsten Urlaubsort auserkoren.

Manchmal denke ich dann, wenn ich mich in Französisch nicht richtig ausdrücken kann, dass ich doch damals im Wirtschaftsgymnasium hätte noch mehr für den Spracherwerb tun müssen. Aber wie gesagt, der Zugang zur Fremdsprache blieb mir damals verwehrt, weil mich die Auswahl der Texte, mit denen wir gearbeitet haben, wenig berührte. Außerdem fehlte auch noch die Transparenz der Notengebung, denn für mich überraschend kassierte ich am Schuljahresende die Note Sechs. Dass eine Lehrkraft eine erteilte Note dem Schüler mitteilen muss, das war damals noch nicht verpflichtend. Ich jedenfalls war nicht gewarnt, kann mich an kein aufrüttelndes Gespräch mit dem Lehrer erinnern. Damit war ich – nach damaligen Versetzungsmodalitäten – sitzengeblieben. Meine übrigen Noten waren gar nicht schlecht, aber eine einzige Sechs reichte, um die Klasse wiederholen zu müssen.

Nach diesem Erlebnis stand mein Berufswunsch fest: Ich werde Lehrer, und zwar ein guter, der seine Schüler motiviert, sich für sie einsetzt, sie stärkt, und der versucht, komplexe Sachverhalte verständlich zu erklären. – Wie mir später Schüler und Leser häufig versicherten, ist mir dieses Ziel wohl gelungen. – Nun hatte ich aber zuerst einmal das Trauma der Klassenwiederholung zu überwinden.

Musik ist Leben

Als ich siebzehn war, brachten die Beatles, inzwischen weltberühmt, ihr Album »Help!« mit dem Lied »Yesterday« heraus. Das packte mich gefühlsmäßig ungemein – immerhin war ich mitten in der Pubertät und hatte häufig Schwierigkeiten, meine Gefühle richtig einzusortieren. Textsicher konnte ich, wenn der Titel im Radio lief, lautstark mitsingen. Musik war für mich, wie für die meisten meiner Klassenkameraden und Freunde zu einem Lebenselixier geworden, auch heute noch ist

Musik für mich sehr wichtig und emotional hilfreich. Seitdem ich pensioniert bin, nahm ich bereits an mehreren Musikreisen teil. Eine führte mich nach New York auf die Spuren des Rock'n' Roll durch Big Apple, mit einer anderen reiste ich nach Memphis und Nashville, um mir Stationen von Elvis anzuschauen. Dazu gehörten sein Geburtshaus und sein Grab, das mich allerdings in seiner Schlichtheit wenig beeindruckte. Auf die Spuren der Beatles begab ich mich gleich zwei Mal. Zum einen erkundete ich im Rahmen dieser Musikreise die Anfänge der legendären Gruppe in Deutschland, nämlich im Star Club in Hamburg. Die zweite Beatles-Reise führte mich nach Liverpool, wo die Jungs ihre Anfänge hatten und so im berühmten Covern Club auftraten. Auf dieser Fahrt hatte ich sogar die Gelegenheit, dem früheren Beatle-Schlagzeuger Pete Best in seinem Haus die Hand zu schütteln, eine Begegnung, die mich sehr bewegt hat. Solche interessanten Reisen in einer Gruppe musikalisch Gleichgesinnter bereichern heute mein Leben.

Foto: Werner Hau

Allerdings muss ich gestehen, dass sich mein Musikgeschmack bis heute mindestens um ein Genre erweitert hat: Inzwischen liebe ich es auch, Konzerte von André Rieu mit seinen stimmgewaltigen Solisten anzuhören. Das kann mittels DVD oder Fernsehen sein, am emotionalsten ist freilich ein Livekonzert in seiner Heimatstadt Maastricht in den Niederlanden. Wenn dort Rieu im Sommer auf dem großen freien Platz, dem Vrijthof, mit seinem ganzen Ensemble aufspielt, lauschen ihm Besucher aus aller Welt und die ganze Stadt ist ein Event. Aber auch jenseits der Konzerte ist Maastricht eine sehenswerte, bezaubernde Stadt mit einer Universität und sehr viel Grün, die ich immer wieder gerne aufsuche. Für einen überzeugten Europäer wie mich hat diese Stadt eine ganz besondere Bedeutung. Hier wurde 1992 der Maastrichter Vertrag über die Europäische Union unterzeichnet. Später als Lehrer war für mich dieses Thema natürlich im Politikunterricht wichtig.

Foto: Werner Hau

Damals als Jugendliche hörten wir ebenfalls die Musik der Beatles, der Stones und natürlich auch von Elvis Presley. Musik aus dem Radio wollte ich, wenn möglich, immer hören, auch dann, wenn ich etwa meinem Vater in der Werkstatt half. Aus meiner Sicht ließ es sich mit musikalischer Untermalung wesentlich beschwingter, freudvoller und damit auch erfolgreicher arbeiten.

Das war offenbar die Ansicht eines Jugendlichen, denn mein Vater war davon wenig inspiriert, konnte mit dem Bedürfnis seines Sohnes nichts anfangen und wollte sich auch nicht damit auseinandersetzen. So herrschte er mich nur einfach an:»Mach die Musik aus!«

Bestimmt träumte der eine oder andere aus unserer Jugendgruppe von einer Musikerkarriere. So weit möchte ich bei mir gar nicht gehen, aber eine Gitarre wollte ich unbedingt haben.

Dass meine Eltern für Musik im Allgemeinen kaum zugänglich waren, für die meinige schon mal gar nicht, musste ich immer wieder spüren. Deshalb trug ich bei ihnen mit einiger Zurückhaltung mein Ansinnen vor:»Zum Geburtstag wünsche ich mir eine Gitarre.«

»Kommt überhaupt nicht in Frage. Das fehlt gerade noch!«, lautete barsch die väterliche Antwort.

An einen Austausch von Argumenten war da nicht mehr zu denken. Vielleicht sah mich mein Vater schon als langhaarigen jungen Mann mit Gitarre irgendwo unnütz auf der Straße herumsitzen. Dabei habe ich damals in meiner Freizeit Sport getrieben, Leichtathletik und Handball, es gab also keinerlei Anlass, solch negative Gedanken zu entwickeln. Ich wollte nur dieses Instrument spielen können, mit dem man all diese fantastische Musik nachspielen und damit ein kleines Stückchen Freiheit erspüren konnte. Mein Freund Helmut, der die Gitarre schon etwas besser beherrschte, unterstützte mich dabei.

»Gut«, dachte ich, »wenn ich zu Hause keine Unterstützung für meine Interessen erfahren kann, muss ich die Initiative ergreifen.« So fuhr ich mit dem Inhalt meiner Spardose in die benachbarte Stadt Neunkirchen, um mich in einem Musikgeschäft beraten zu lassen. Mit einer aus meiner Sicht wunderschönen, klangstarken Wandergitarre, die mein Budget nicht sprengte, verließ ich glücklich strahlend den Laden. Ein Gitarrenheft zum Lernen habe ich bei dem Kauf gleich miterstanden. Zu Hause war das Instrument kein Thema mehr für meine Eltern. Sie ließen mich zum Glück gewähren. Ich habe dann sofort begonnen, mir einige Griffe selbst beizubringen. Netterweise gab mir auch mein Freund Helmut einige Unterrichtsstunden. Um in einer Band mitzuspielen, hätten meine Kenntnisse niemals ausgereicht, aber ich hatte immer Freude an dem Instrument. Mit meiner festen Stimme habe ich auch immer gerne gesungen und nun konnte ich mich mit der Gitarre selbst begleiten und trug später bei mancher Fete zur musikalischen Unterhaltung bei. Auch bei Familienfesten, wenn ich mit Eltern und Geschwistern zusammen saß, kam zu fortgeschrittener Stunde die Gitarre zum Einsatz.

Heute gilt meine musikalische Leidenschaft weniger dem eigenen Spiel, als vielmehr dem Musikerlebnis bei Konzerten.

So besuchte ich beispielsweise eine wunderbare Musikveranstaltung der farbigen Sängerin Malia, die Songs von Nina Simone hingebungsvoll interpretierte. Ganz in Schwarz stand die zierliche Person mit ihren knallrot geschminkten Lippen auf der Bühne. Spätestens mit dem Lied »My baby just cares for me« war ich restlos überzeugt. Nach dem letzten Applaus des Abends wollte ich im Foyer eine CD mit Autogramm kaufen, die sich gegebenenfalls auch als ein Geschenk an Freunde geeignet hätte. Aber ich hatte zunächst Pech, denn ein Verkauf war vom Management nicht vorgesehen. Doch dann schwebte Malia förmlich die Treppe ins Foyer herunter und ich ging direkt auf sie zu und fragte in meinem besten Englisch, das mir gerade einfiel, ob ich ein Foto mit ihr machen könnte. Sie freute sich offensichtlich und war sofort einverstanden. Mit meiner »Trophäe« im Fotoapparat trat ich den Nachhauseweg an. Am nächsten Tag dachte ich mir: »Mit dem Foto kann ich meine Freunde ein bisschen neidisch machen.« Also schrieb ich sinngemäß eine E-Mail an einige aus meinem Freundeskreis mit dem wirklich gelungenen Foto im Anhang: »Ihr werdet es ja doch irgendwann erfahren. Ich habe eine neue Freundin, die nicht nur fantastisch aussieht, sondern auch so singt.« Nun, meine Freunde kennen mich ja schon ein paar Jahre und wissen von mir, dass ich gerne einen Joke mache. Sie reagierten mitunter verschmitzt und gingen zum Schein auf meine E-Mail-Botschaft ein, indem sie mir herzlich gratulierten. Ein bisschen Spaß muss sein!

Auch zwei andere großartige Musiker konnte ich glücklicherweise ein paar Jahre vor ihrem Tod noch live im Rhein-Main-Gebiet erleben. Das waren Ray Charles und Charles Aznavour.

Wie gesagt, heute beschränkt sich mein Musikerleben auf das Hören. Das kann in Form von Live-Auftritten sein oder durch das Abspielen einer meiner vielen CDs aus zahlreichen Genres.

War ich mit dem Auto unterwegs, vertrieb ich mir meist die Zeit mit Musik aus dem Radio. Besonders interessiert verfolgte ich den aus meinen Augen guten Musikgeschmack des Werner Reinke im Hessischen Rundfunk. Immer wieder kam es vor, wenn mich ein Song besonders ansprach und ich ihn noch nicht kannte, dass ich bei nächster Gelegenheit rechts ranfuhr und mir den Titel sowie den Namen des Sängers aufschrieb. Zuhause beschaffte ich mir dann zusätzliche Informationen über den Künstler, damit ich mehr über ihn und seine Werke erfuhr und mich auch mit Freunden darüber austauschen konnte. Nicht selten begab ich mich alsbald in einen der beiden großen Musikläden, um bestens gelaunt mindestens eine Platte oder später eine CD zu kaufen. Auf diesem Weg, also durch Werner Reinke oder früher auch durch Frank Laufenberg im SWR, lernte ich unter anderem auch den Blues- und Folksänger Long John Baldry kennen, dessen fantastische Songs ich immer wieder gerne höre, der mit seiner sonoren Stimme auch zu fast allen Gefühlslagen passt und der meine CD-Sammlung bereicherte.

Damals, als junger Mann in Bexbach, hielten sich das Musikhören und Musikmachen noch in etwa die Waage. Allmählich entwickelte ich einen großen Ehrgeiz, nicht nur beim Musikmachen, sondern erst recht in der Schule. So war die nächste schulische Etappe, das Abitur, 1971 erreicht. Darüber waren natürlich auch meine Eltern sehr erleichtert, eine Würdigung oder einen Glückwunsch gab es nicht, man ging zur Tagesordnung über. Hatte ich auf etwas anderes gehofft?

Das Studentenleben beginnt

Mein Studium in Wirtschaftspädagogik begann ich an der Universität in Saarbrücken. Ich wollte Diplom-Handelslehrer werden, damit ich Jugendlichen und Heranwachsenden die in meinen Augen wichtigen Wirtschaftsthemen näherbringen konnte, und zwar so, dass sie sie auch verstanden. Sowohl damals als auch heute war und bin ich der Meinung, dass mindestens Grundlagen der Betriebs- und Volkswirtschaft jedem Auszubildenden oder Studenten helfen, Zusammenhänge verstehen zu können. Nun standen für mich als »Erstsemestler« nach ein paar Monaten die ersten Klausuren an. Vorbereitet war ich, aber reichte das auch? Die beiden Mathematikklausuren hatte ich zu meiner großen Freude bestens bestanden und damit die sogenannten notwendigen Scheine erhalten, dabei gehörte Mathematik nie zu meinen Lieblingsfächern. So konnte ich ein wenig Vertrauen in mein Lernvermögen gewinnen. Bei der Klausur in Wirtschaftspolitik gehörte ich allerdings zu den rund achtzig Prozent Durchgefallenen. Da hieß es dann: Auf ein Neues!

Das Studieren machte mir grundsätzlich Spaß, auch wenn ich eine Klausur wiederholen musste. Aber ich wusste, was ich erreichen wollte und wenn man weiß, wofür man etwas erarbeitet, fällt einem das Lernen wesentlich leichter. Mein Ehrgeiz, alles gut zu machen, war ungebrochen und ich hatte das Ziel, Diplom-Handelslehrer zu werden, stets vor Augen.

Inzwischen war ich ein kommunikationsfreudiger, junger Mann von Anfang zwanzig, dem es auch relativ leicht fiel, Kontakte zu knüpfen. Mein Bekanntenkreis war gemischt, bestehend aus Frauen und Männern. Da sich immer wieder neue Begegnungen ergaben, erweiterte sich der Kreis zunehmend. Entweder lernte ich in der Universität Gleichgesinnte kennen oder auf Musikveranstaltungen. Man traf sich auf ein Bier oder im nahegelegenen Neunkirchen zum Tanzen. Gerne durfte ich auch einen Freund mit nach Hause bringen, nur eine Frau sollte es nicht sein. Dann musste ich mir Sätze wie diese anhören: »Sieh zu, dass du mit dem Studium fertig wirst! So lange du die Füße unter meinen Tisch stellst, brauchst du keine Freundin!«, kommandierte mein Vater.

Später, viel später hörte ich von einem mir unbekannten Verfasser die Gegenposition, also aus Sicht des Kindes: »Solange ihr euren Tisch über meine Füße stellt, erwarte ich dies und jenes!«

Ein interessanter Ansatz, der mir natürlich damals nicht eingefallen wäre. Ich hatte die häuslichen Spielregeln einigermaßen zu akzeptieren – auch mit einer teilweise geballten Faust in der Tasche.

Als ich eines Tages von der Vorlesung aus Saarbrücken kam, rief mir meine Mutter in einem fragenden Tonfall aus dem Geschäft zu: »Oben auf dem Küchentisch liegt ein Brief für dich.«

Das verhieß wohl nichts Gutes. Tatsächlich war es die Aufforderung der Bundeswehr, mich zur Musterung im Kreiswehrersatzamt einzufinden. Damals, in den 1970er Jahren, bestand noch die sogenannte Wehrpflicht, wo junge Männer als Soldaten von der Bundeswehr eingezogen wurden. Wer dies nicht zuletzt aus moralischen Gründen ablehnte, konnte einen Ersatzdienst, wie zum Beispiel im Krankenhaus, leisten. Ein Jahr Bundeswehr, das hätte mir gerade noch gefehlt. Jetzt, wo ich wusste, wohin ich beruflich wollte, wäre dieses Jahr ein verlorenes auf dem Weg in meine wirtschaftliche Unabhängigkeit gewesen.

Also war für mich klar, alles in Bewegung zu setzen, um eine Einberufung zu vermeiden. Von meinem Vater auf den Brief angesprochen, teilte ich ihm mit einer sicheren Stimme mit: »Ich werde nicht zur Bundeswehr gehen!«

»Dir werden sie dein großes Mundwerk noch stopfen!«, war seine prompte und wenig ermunternde Antwort.

Das allerdings erweckte in mir wieder den Kampfgeist, und zwar in zweifacher Hinsicht. Zum einen musste ich unbedingt den Wehrdienst abwenden, was mir glücklicherweise auch mithilfe des Arztes gelang, denn mein Auge genügte nicht den militärischen Anforderungen. Zum anderen wollte ich wieder einmal meinen Vater von meinen Fähigkeiten, etwas durchzusetzen, überzeugen. Ein scheinbar hoffnungsloses Unterfangen.

Studieren kostet Geld

Wie bereits erwähnt, bereitete mir das Studieren in Saarbrücken Freude und ich war mit Elan dabei. Allerdings musste ich mir um die Finanzierung meines Studiums Gedanken machen, wollte ich doch nicht in den nächsten Jahren finanziell von meinen Eltern abhängig bleiben und mir immer wieder den Satz anhören müssen: »Solange du die Füße unter meinen Tisch stellst ...« Von einem Kommilitonen erfuhr ich, dass man mit Interviews gutes Geld machen könnte. Das dürfte doch etwas für mich sein. Mit Unbekannten ein Gespräch zu führen, Neues zu erfahren, das klang reizvoll und vielversprechend. Also schrieb ich an zahlreiche Marktforschungsinstitute in Deutschland Bewerbungsbriefe. Bald darauf erreichte mich ein Einladungsschreiben des Battelle-Instituts in Frankfurt. Dieses befasste sich mit naturwissenschaftlich-technischen Forschungen im Zusammenhang mit dem Patentrecht. Die Einladung hörte sich für mich sehr vielversprechend an und deshalb sagte ich recht schnell zu.

Meine liebe Mutter war einigermaßen entsetzt von meinem Vorhaben und fragte besorgt: »Du willst nach Frankfurt in die Messer-Stecher-Stadt fahren?«

Auch mein Vater zeigte wenig Begeisterung, fürchtete er doch um meine Mithilfe im elterlichen Geschäft. Ich aber setzte mich beherzt in meinen alten VW-Käfer und fuhr vom beschaulichen Saarland in die Großstadt Frankfurt am Main, um die Möglichkeiten für einen Job während der Semesterferien auszuloten.

Erste Abnabelungsversuche

Zum vereinbarten Zeitpunkt traf ich in Frankfurt im Battelle-Institut ein. Ein smarter, schlaksiger Mitarbeiter mittleren Alters fragte mich in einem recht angenehmen Vorstellungsgespräch: »Herr Hau, welche Gehaltsvorstellungen haben Sie denn?«

Diesbezüglich hatte ich mir bisher wenig Gedanken gemacht und von Großstadtpreisen hatte ich schlichtweg gar keine Ahnung. Im Übrigen wäre eine solche Recherche viel aufwendiger gewesen als heute, denn das Verb »googlen« existierte da noch lange nicht, man hatte zu Hause noch keinen PC und erst recht kein Internet – aus heutiger Sicht kaum vorstellbar. Auf meinen Gehaltsvorschlag von 10 DM in der Stunde ging mein Gesprächspartner sofort ein. (Der Euro wurde erst 2002 als Barzahlungsmittel eingeführt.) Ich hätte wohl mindestens das Doppelte verlangen können. Aus diesem vermeintlichen Fehler habe ich allerdings gelernt. Bei späteren Gehaltsverhandlungen kannte ich meinen ungefähren Marktpreis und setzte diesen auch durch oder nahm den Job gar nicht erst an.

Ärgern musste ich mich aber nicht über mich selbst, dass ich nicht besser verhandelt hatte, denn diese Ferienarbeit erwies sich als äußerst interessant, abwechslungsreich und verhalf mir dazu, bei der Entwicklung meiner Persönlichkeit einen großen Schritt weiterzukommen. Aber war ich eigentlich in der Lage, die Anforderungen des Battelle-Instituts zu erfüllen? Immerhin hatte ich keinerlei Interview-Praxis aufzuweisen.

Eine freundliche, jüngere Institutsmitarbeiterin wurde beauftragt, meine rhetorischen Fähigkeiten auszuloten. Wohl durch den frühen Umgang mit Kunden und Angestellten unseres Geschäftes hatte ich auch damals schon keine Scheu, mit fremden Menschen ein Gespräch zu beginnen. So konnte ich die Mitarbeiterin sehr schnell von meiner Fragetechnik begeistern. Für die Semesterferien bekam ich also eine Jobzusage bei Battelle. Ich freute mich auf diese Arbeit, die so gar nichts mit den früheren Ferienjobs am Bau oder bei Eberspächer zu tun hatte. Neue Herausforderungen sind abwechslungsreich und spannend.

Zu meinem Aufgabengebiet bei dem Marktforschungsinstitut in Frankfurt gehörte es, in Städte in ganz Deutschland zu reisen, dort auf Baustellen mit den Polieren zu reden und sie nach ihren Erfahrungen mit diversen Baustoffen zu befragen. Die Ergebnisse hielt ich anschließend in einem Bericht fest. Natürlich waren die meisten Aufträge nicht in einer Tagesfahrt zu erledigen. So suchte ich mir in den jeweiligen Städten ein Hotel, das der Mittelklasse angehören durfte. Mit der jeweiligen Suche nach einer Unterkunft oder der gewünschten Baustelle in der unbekannten Umgebung kam ich ganz gut zurecht. Auf meinen Orientierungssinn konnte ich mich offensichtlich einigermaßen verlassen. Damals ohne ausgedruckten Routenplaner unterwegs, bzw. mit dem Navigationsgerät nur im Kopf, musste ich mittels uralter Fragetechnik den Weg zu meinem Ziel ausfindig machen. Die Hotel- und Benzinrechnung sowie meine Verpflegungskosten übernahm mein Arbeitgeber. Ein wunderbarer Job, führte er mich doch aus der saarländischen Kleinstadt hinaus in große deutsche Städte und nebenbei verdiente ich noch Geld. Da ich ja allein in meinem VW-Käfer unterwegs war, verbrachte ich die Abende an den Hotelbars, was mir nichts ausmachte, und kam auch dort mit fremden, teilweise sehr interessanten Menschen ins Gespräch oder beobachtete andere. Langeweile kam in mir keine auf.

Einmal hatte ich den Auftrag, eine Baustelle in Mainz aufzusuchen, um meine Befragung durchzuführen. Diese Fahrt gestaltete sich allerdings etwas anders als geplant, denn ich erreichte die rheinland-pfälzische Landeshauptstadt zur Fastnachtszeit. Das hatte bei der Terminplanung in Frankfurt wohl niemand bedacht. Außer einem kräftigen Helau von allen Seiten oder dem berühmten Narhallamarsch war an diesem Tag nichts mehr zu vernehmen. Auch die Suche nach einem freien Hotelbett war zwecklos. Mainz ist schließlich eine Fastnachtshochburg und an diesen Tagen von Touristen stark belagert. Kurz entschlossen fuhr ich 150 Kilometer weiter in meine Heimat Bexbach zum Übernachten, sehr zur Freude meiner Eltern. Am folgenden Tag konnte ich dann meinen Interview-Auftrag in Mainz durchführen.

Später übernahm ich auch für das Marktforschungsunternehmen Gesellschaft für Konsumforschung (GfK) Interviewaufträge, die ähnlich abliefen.

Der eigene Herr sein

Da ich also im Rhein-Main-Gebiet eine gute Möglichkeit zur Finanzierung meines Studiums gefunden hatte, freundete ich mich allmählich mit dem Gedanken an, von der Universität in Saarbrücken zur Goethe-Universität in Frankfurt zu wechseln. Eine passende, preisgünstige Unterkunft in der Rhein-Main-Metropole zu finden, war auch schon damals in den Siebzigerjahren schwierig. Dennoch hatte ich Glück und fand im Studentenwohnheim Ludwig-Landmann-Heim ein möbliertes Acht-Quadratmeter-Zimmer mit Gemeinschaftsküche und -bad auf dem Flur. Ein Befreiungsschlag für mich! Somit war ich der von mir empfundenen häuslichen Enge entflohen, stellte nicht mehr meine Füße unter den Tisch meiner Eltern und brauchte demzufolge auch niemanden mehr um Erlaubnis zu fragen. Ein weiterer großer Schritt auf dem Weg zu meiner Persönlichkeitsfindung.

Das Leben im Studentenheim war bunt, Menschen ganz unterschiedlicher Kulturen lebten unter einem Dach, auf einer Etage. In der gemeinschaftlichen Küche begegnete man sich, führte lange und intensive Gespräche in der Nacht und lernte

Verständnis für andere zu haben. So auch für den witzigen, dunkelhäutigen Georges, der häufig spät in der Nacht erst anfing, sich eine Mahlzeit von beachtlicher Größe zuzubereiten. Georges war immer bereit, ein Späßchen mitzumachen. Viele Jahre später traf ich ihn einmal zufällig auf der Frankfurter Buchmesse. Er kam auf mich zu und fragte – noch immer in einem sehr gebrochenen Deutsch: »Hallo Werner, wie geht es dir?«

»Grüß dich, Georges. Freut mich, dich hier zu sehen. Mir geht es gut«, antwortete ich wahrheitsgemäß.

Nun wollte er wissen: »Und deiner Frau?«

»Welcher?«, provozierte ich grinsend.

»Ach Werner, du immer derselbe!«, lachte er in der ihm eigenen Redeweise und klopfte sich zustimmend auf seinen Oberschenkel.

Selbstverständlich kam auch das Feiern nicht zu kurz, an damalige Flurfeten erinnere ich mich heute noch mit Vergnügen. Meine neue Freiheit änderte aber nichts an der Zielstrebigkeit, mit der ich meinen Berufswunsch Diplom-Handelslehrer erreichen wollte. So mancher Studentenheimbewohner hatte dafür weniger Verständnis.

Wenn ich von einem Interviewseinsatz zurückkam, hörte ich des Öfteren: »Jetzt hast du ja gut verdient, nun kannst du uns einen ausgeben.«

Oder: »Wer abends nicht zehn Flaschen Bier trinkt, braucht bei uns nicht mitzufeiern.«

Das waren Ansichten, die ich absolut nicht teilen konnte und wollte, sodass ich mich von diesen Gruppen fernhielt.

Zum Leben im Studentenheim gehörte auch das Einhalten der bestehenden Regeln. Wenn das ein Mitbewohner »vergaß«, wurde er oder sie entsprechend darauf aufmerksam gemacht.

Jeder musste Ordnung in der Küche halten und jeder hatte einen bestimmten Betrag in die Gemeinschaftskasse zu entrichten.

Nun gab es auch hier Schlitzohren, die ihren Heimpflichten nicht gerne nachkamen und somit öfter für Ärger sorgten. Das bezog sich zum Beispiel auf eine junge Dame auf der anderen Seite des Flurs. Bei ihr halfen die entsprechenden Gespräche wohl nicht. Lange sahen sich das die Mitbewohner nicht mehr an, sondern schritten vereint zur Tat. Diese besagte Heimbewohnerin ging immer samstags mit ihrer Mutter zum Friseur. Drei ihrer Mitbewohner legten sich nun mit einem Eimer Wasser am Fenster heimtückisch auf die Lauer und warteten hämisch auf die Rückkehr der beiden frisch frisierten Damen. Im richtigen Augenblick ergoss sich der Inhalt des Wassereimers von oben auf die beiden. An den wütenden Blick der Mitbewohnerin erinnere ich mich noch gut, als sie triefend nass ihr Zimmer betrat. Ob sie aus dieser kleinen Gemeinheit ihre Lehre zog und sich nun an ihre Verpflichtungen hielt, weiß ich heute nicht mehr. Für mich war es selbstverständlich, diese Heimregeln einzuhalten und damit Verantwortung zu übernehmen. Auch fernab meines Elternhauses hatte sich dieser Teil meiner Erziehung fest in mir verankert.

Direkt neben meinem Zimmer wohnte Michael, ein dünner, sportlicher, junger Mann, eher etwas still. Mit ihm hatte ich mich angefreundet. Er studierte ebenfalls Wirtschaft mit dem Ziel, Diplom-Kaufmann zu werden. In Frankfurt beendete er sein Studium allerdings nicht, sondern wechselte vorher an die Universität in Berlin. Ich fand es damals sehr schade, dass mein Freund Michael aus dem Studentenheim wegzog. Später stellte sich heraus, dass ich aber dadurch eine wunderbare Anlaufstelle in Berlin bekam, was ich beruflich bestens nutzen konnte.

Auch traurige Momente gehörten zu meinem Leben im Ludwig-Landmann-Heim. Als ich eines Tages von der Uni nach Hause kam, trugen gerade zwei Mitarbeiter eines Bestattungsunternehmens einen Sarg aus dem Haus. Ein junger Mann, der auf unserem Flur wohnte, mit dem ich noch am vorletzten Abend gemeinsam in unserer Heim-Bar gesessen hatte, sah in seinem Leben keinen Sinn mehr und hatte sich umgebracht. Ein Schock für uns alle.

Das Thema Tod war bis dahin absolut kein Bestandteil meiner Gedankenwelt und sollte es so schnell auch nicht werden. Mir gefiel mein Leben, so wie es gerade lief. Das Zusammenwohnen mit den unterschiedlichsten Menschen bereicherte mich ungemein, eröffnete mir neue Sichtweisen und erweiterte auch meinen sozialen Horizont. Eingebettet in diesem positiven Umfeld bereitete mir mein Studium meistens Freude und lieferte erfreulicherweise auch Erfolgserlebnisse.

Hürden wollen genommen werden

Ich hatte mich an der Goethe-Universität Frankfurt in Wirtschaftspädagogik immatrikuliert. Da ich in Saarbrücken bereits zwei Scheine in Mathematik erworben hatte, musste ich nun klären, ob selbige in Frankfurt anerkannt wurden, was nicht automatisch der Fall war. Im Studentensekretariat, das sich in einem wunderschönen Altbau aus rotem Buntsandstein auf dem Unigelände befand, traf ich auf eine wissenschaftliche Hilfskraft, ein sogenannter Hiwi.

Dieser schmächtige, junge Mann mit einem etwas ungepflegten Bartwuchs teilte mir mit: »Die Mathescheine werden in Frankfurt nicht anerkannt. Die musst du leider noch einmal machen.«

Wie vom Donner gerührt stand ich da. Ich hatte mich doch für diese beiden Klausuren in Saarbrücken mächtig ins Zeug gelegt, was sich auch mit sehr guten Noten ausgezahlt hatte. Und nun sollte ich dieselben Scheine noch einmal machen? Das hätte unnötige Zeit und Energie gekostet. Innerlich wütend und mit geballter Faust in der Tasche ging ich nach diesem Gespräch mit dem Hiwi nach Hause. Aufgeben kam nicht in Frage!

Am nächsten Tag wollte ich den zuständigen Professor aufsuchen und mich auf keinen Fall abwimmeln lassen. Gesagt, getan. Glücklicherweise traf ich am kommenden Tag den Professor in seinem Raum an und er hatte auch etwas Zeit für mich. Erneut schilderte ich meine Situation, auch dass mir der hagere Hiwi die Anerkennung der beiden Scheine nicht zugestehen wollte.

Der Professor, ein sympathischer Mittfünfziger, beruhigte mich: »Scheine aus Saarbrücken sollen bei uns in Frankfurt nicht anerkannt werden? Das kann nicht sein. Bis vor zwei Jahren habe ich selbst an der Uni in Saarbrücken gelehrt! Und ich bin von dem dortigen Leistungsniveau sehr überzeugt.«

»Können Sie mir das schriftlich geben?«, fragte ich ihn.

»Kein Problem, setzen Sie einen Text auf und kommen Sie morgen zu mir zum Unterschreiben.«

An diesem Tag ging ich versöhnt vom Campus nach Hause.

Der Reiz des Neuen

Mein Nicht-Aufgeben, mein Mich-nicht-abspeisen-lassen hatte sich gelohnt, damit brauchte ich nicht noch einmal den gesamten Kurs in Mathematik zu durchlaufen und für zwei abschließende Klausuren zu büffeln. Nun konnte ich mich wieder auf neue Themen konzentrieren. Zu diesem Neuen gehörte auch das Fach Soziologie, eine Wissenschaft, die sich mit den Abläufen des Zusammenlebens in Gemeinschaften befasst, mit dem Erforschen sozialen Verhaltens. Und wenn man sich mit dieser Wissenschaft beschäftigt, gehört dazu eine eigene Terminologie, die mich sofort in ihren Bann zog, die aber für mich ziemlich fremd war. So hatte ich beispielsweise noch nie von einem »elaborierten Kode« gehört.

Zu Beginn der siebziger Jahre wurde an der Universität sehr viel diskutiert, man redete über das soziale Handeln, über Werte und Normen. Zunächst hörte ich fasziniert den Debattierenden zu, sei es an der Uni oder abends an der Theke einer Kneipe. Dann aber spornte es mich an, ebenfalls diese Terminologie, diese eigene Sprache zu beherrschen, um somit in der Diskussion aktiv mitzuwirken. So kniete ich mich mit Begeisterung in dieses Studienfach und beschäftigte mich obendrein mit den bekannten Soziologen Adorno und Habermas. Immer wohler fühlte ich mich in meinem Großstadtleben, losgelöst von den elterlichen Zwängen, von anderen anerkannt und wertgeschätzt. Den Wechsel nach Frankfurt habe ich nie bereut. Einmal noch haben meine Eltern versucht, mich an das Geschäft in Bexbach zu binden.

Vor dem Jahreswechsel rief mich mein Vater an: »Du musst

unbedingt nach Hause kommen und im Laden mithelfen, Silvesterfeuerwerk zu verkaufen. Wir brauchen dich hier.«

In diesen Tagen herrschte damals stets Hochbetrieb und meine fachmännische Unterstützung wäre sicherlich von Vorteil gewesen. Allerdings hatte ich als fleißiger Student eine gute Ausrede, Klausuren standen nämlich auf meinem Terminplan. Mein Vater wollte das nicht recht gelten lassen, nun saß ich aber am längeren Hebel und fuhr nicht nach Hause.

Wie bereits erwähnt, empfand ich das Wohnen in einem Studentenheim äußerst bereichernd. Mit der Zeit sehnte ich mich nach mehr Ruhe, um ungestörter lernen zu können, denn das Spektrum, das es zu bearbeiten galt, wurde immer größer und intensiver. Aus diesem Grund hielt ich Ohren und Augen auf, wo ich eine kleine, preisgünstige Wohnung finden könnte. In der Deutschen Bibliothek, in die ich mich häufig und gern zurückzog, um gründlich meinen Studien nachzugehen, kam ich mit einer jungen Frau ins Gespräch, die gerade einen Nachmieter für ihre zentral gelegene Wohnung suchte. Glück braucht der Mensch! Meine Fähigkeit, mit Leuten ins Gespräch zu kommen, erwies sich auch hier wieder als Vorteil. Mit ihr und dem Vermieter wurde ich schnell einig und so verließ ich mit einem lachenden und einem weinenden Auge das Gemeinschaftsleben im Ludwig-Landmann-Heim und zog in mein neues, ruhigeres Domizil. Auch dort gab es eine sehr nette Hausgemeinschaft, mit einem Paar bin ich bis heute befreundet.

Einmal Saarländer – immer Saarländer

In der Nähe meiner neuen Wohnung existierte der »Saftladen«. Nein, Säfte wurden dort am wenigsten ausgeschenkt, denn es handelte sich um eine gemütliche Kneipe, wo man gut an der langen Theke stehen und mit anderen ins Gespräch kommen konnte. Das Beste am »Saftladen« war, dass der Wirt aus dem Saarland stammte. Das hatte zur Folge, dass sich dort immer wieder Landsmänner und –frauen trafen, die ebenfalls im »Exil« in Frankfurt lebten.

Eines Abends zu vorgerückter Stunde, als ich nach meinem Lernen noch das dringende Bedürfnis hatte, mit einem ordentlichen Bier die Anstrengungen des Tages hinunterzuspülen, gesellte ich mich im »Saftladen« zu den anderen Studenten aus meiner Heimat, die wohl aus dem gleichen Grund dort waren. In angenehmer, geselliger Bierlaune kam es zu der Schnaps-Idee, ein Saarländertreffen in unserer Kneipe zu veranstalten. Ideen sind dazu da, dass man sie in die Tat umsetzt. Und so übernahm ich bereitwillig einen Teil der Organisation. Als Wirtschaftswissenschaftler denkt man zunächst an die Kosten-Nutzen-Analyse, soviel hatte ich schließlich schon gelernt. Für ein solches Treffen benötigten wir nämlich Geld und Esswaren, denn wir planten, auch eine Tombola zu veranstalten. So dachte ich mir, Institutionen und Firmen im Saarland anzuschreiben, denn schließlich sind wir »Exil-Saarländer« Werbeträger für dieses liebreizende Bundesland. Und ich hatte Erfolg damit. Die saarländische Karlsberg-Brauerei stellte uns Flüssiges für die Tombola zur Verfügung, der Fremdenverkehrsverband schickte uns Exemplare der Zeitung »nemer dehemm« (auf Deutsch: nicht mehr zuhause) des Mundartschriftstellers

Gerhard Bungert für »im Ausland« lebende Saarländer, die Fleischfabrik Schröder steuerte zehn Ringel saarländische Lioner (auf Deutsch: Fleischwurst) bei. Schließlich lebt man in meiner Heimat nach der Devise: »Hauptsach gud gess!« Die Saarbrücker Zeitung lieferte zehn Bücher in Mundart. Mit unserer Ausbeute waren wir sehr zufrieden. Als Schirmherrn wollten wir den damaligen Ministerpräsidenten des Saarlandes gewinnen und einladen. Von ihm kam aber leider ein Telegramm mit einer Absage von »dehemm« und er freue sich, dass wir im »Exil« als Saarländer zusammenhielten.

Nicht nur das Rühren der Werbetrommel war äußerst erfolgreich, sondern das »Saarlänner-Dreffe« gleichermaßen. Unsere Kneipe war randvoll mit vorwiegend jüngeren Gästen aus Fern und Nah, denn wir hatten auch den hessischen Rundfunk vorher eingeschaltet, um auf unsere Veranstaltung hinzuweisen. Gesprochen und gesungen wurde natürlich nur »uff Saarlännisch« – und gut gelaunt »gebabbelt« und gesungen wurde viel an diesem Abend. »Oh legg, war des schee!«

Später schrieb die »Bockenheimer Umschau«: »Kein anderer germanischer Volksstamm scheint sich so schwer von seiner Scholle zu trennen wie die Saarländer: Viele Ausgewanderte kamen … im Bockenheimer ›Saftladen‹ zu einem Heimat-Treffen zusammen …«

Werner Hau

Das Leben im Frankfurter »Exil« war ja wunderbar, aber ab und zu musste ich auch wieder einmal meine Heimat spüren und hautnah erfahren. Manchmal war der Anlass ein Auftritt einer bekannten Band, beispielsweise den »Lords« oder einfach ein Treffen mit saarländischen Freunden oder der Familie.

Eine Fahrt in den »Heimathafen« ist mir noch ganz besonders in Erinnerung. Es war Ende April 1986 und im ukrainischen Atomkraftwerk von Tschernobyl ereignete sich ein katastrophaler Unfall – ein GAU (größter anzunehmender Unfall). Man war sich nicht sicher, was das mit uns in Deutschland zu tun hatte, denn der Unfallort lag ein paar Tausend Kilometer weit weg. Im Autoradio hörte ich die dringenden Vorsichtsmaßnahmen, man sollte nicht ins Freie gehen. Wenn das nicht vermeidbar war, sollte man die getragene Kleidung anschließend entsorgen.

An diesem Tag regnete es in Bexbach und ich sehe mich noch heute mit dem aufgespannten Regenschirm in der Hand verunsichert auf dem Parkplatz stehen. Was sollte man tun? Niemand kannte sich mit einer derartigen Situation aus. Die Straßen waren ziemlich menschenleer, die meisten hielten sich also an die Anweisungen aus dem Radio und blieben in den Häusern. Auch ich beeilte mich dann ins elterliche Haus zu kommen, zuvor aber noch den vermeintlich kontaminierten Regenschirm in den Mülleimer zu stecken.

Der nächste interessante Ferienjob

Auf der Suche nach einer neuen Geldquelle fiel mir am Schwarzen Brett an der Uni ein etwas unauffälliger Zettel in die Hände mit einem scheinbar interessanten Angebot für einen Ferienjob. Ein Professor suchte einen Mitarbeiter. Ich begab mich zu der angegebenen Adresse auf dem Campus, stellte mich vor und fragte unter anderem nach den Verdienstmöglichkeiten, auf diese kam es schließlich an. Sie erschienen mir allerdings viel zu niedrig, denn ich hatte ja aus meiner damaligen Vorstellung beim Battelle-Institut gelernt und kannte nun meinen ungefähren »Marktpreis«, unter dem ich mich nicht mehr verkaufen wollte. Ich musste also weitersuchen. Durch einen weiteren Aushang stieß ich auf das DIPF (Deutsches Institut für Internationale Pädagogische Forschung). Auch dort verlief das Prozedere gleich. Ein knabenhaft wirkender, junger Instituts-

Mitarbeiter, äußerst sympathisch, führte mit mir ein Gespräch. Er erkundigte sich nach meinen bisherigen beruflichen Erfahrungen. Da konnte ich ja nun mit meinen durchgeführten Interviews aufwarten. Irgendwie hatte ich bei ihm den Eindruck, als sei er an meiner Arbeitskraft interessiert. Im Laufe unseres recht angenehmen Gesprächs nannte er die Gehaltsvorstellungen des Instituts. Aus meiner Sicht schien mir aber diese Bezahlung völlig indiskutabel. Ich sah es nicht ein, für diesen geringen Lohn zu arbeiten. Dafür war ich schon in meinem Studium zu weit fortgeschritten und verfügte schließlich über einschlägige Erfahrungen in der Marktforschung. Dem jungen DIPF-Mitarbeiter erklärte ich höflich, aber bestimmt meinen Standpunkt. Sein Blitzen in den Augen verriet mir, dass er mich so einfach nicht ziehen lassen wollte. Plötzlich verließ er den Raum, suchte den zuständigen Professor im Nebenzimmer auf und kam kurze Zeit später mit einem neuen und für mich attraktiven Angebot zurück. Meine Beharrlichkeit hatte sich einmal wieder ausgezahlt.

Nun war ich als zeitweiliger wissenschaftlicher Mitarbeiter am Deutschen Institut für Internationale Pädagogische Forschung in der Arbeitsgruppe Bildungslebensläufe angestellt.

Wieder einmal hatte es sich für mich gelohnt, nicht aufzugeben! Heute würde man von einer Win-Win-Situation sprechen. Zum einen verdiente ich dort gutes Geld, zum anderen waren die Mitarbeiterinnen und Mitarbeiter des DIPF sehr von meinen Leistungen und meinem Engagement überzeugt, was sich auch in den ausgestellten Zeugnissen niederschlug. Das Arbeiten in diesem positiven Umfeld machte richtig Spaß, sodass ich mit Elan dabei war. Da das Positive auf beiden Seiten überwog, stellte man mich in weiteren Semesterferien sehr zu meiner Freude wieder an.

Auch heute noch trägt dieses Institut dazu bei, die Herausforderungen im Bildungswesen zu bewältigen. Inzwischen heißt es Leibniz-Institut für Bildungsforschung und Bildungsinformation. Das dort erarbeitete und dokumentierte Wissen über Bildung wird von Wissenschaft und Politik genutzt.

Und schon wieder geht es auf Reisen

Das DIPF hatte damals ehemalige Oberstufenschüler aus verschiedenen Bundesländern mittels Fragebogen befragt. Diese Stichproben kamen nun zurück und mussten so erfasst werden, dass sie für eine Computerauswertung geeignet waren. Eine solche Auswertung per PC, also einem Personal Computer, darf man aber nicht mit den heutigen Möglichkeiten der Digitalisierung vergleichen. Mitte der Siebzigerjahre arbeitete man, beispielsweise bei Banken und in der Wissenschaft, mit sogenannten Lochkarten. Das waren im Grunde genommen Datenträger aus festem Karton, in denen Dateninhalte durch einen Lochcode abgebildet wurden. Das Auslesen dieses Lochcodes geschah mithilfe eines elektro-mechanischen Geräts. Dieses Verfahren erleichterte die Erfassung eines Fragebogens ungemein und war zu dieser Zeit »state of the art«, wie man heute neudeutsch zu sagen pflegt, also auf dem neuesten technischen Entwicklungsstand. Nun mussten aber die Fragebogen so konzipiert werden, dass sie sich gut erfassen und kodieren ließen. Dabei betrat man im DIPF Neuland, an dem auch ich mich mit praktikablen Vorschlägen beteiligen konnte und durfte.

Erklärten sich die ehemaligen Oberstufenschüler damit einverstanden, an dieser Studie mitzuwirken, bekamen sie über einen festgelegten Zeitraum Fragebögen zugeschickt, die sie auszufüllen hatten. Nicht alle kamen dieser Verpflichtung unaufgefordert nach. Das bedeutete dann für die Mitarbeiter des Instituts, dass sie die Probanden telefonisch kontaktierten und sie aufforderten, die Unterlagen zurückzusenden. Auch das führte nicht bei allen zum Erfolg, so dass man mich beauftragte, nach Berlin zu fliegen, um zwei Studienteilnehmer zum Weitermachen zu bewegen.

Nun überlegte ich, wie es mir gelingen könnte, diese jungen Leute zu überzeugen, weiterhin der Wissenschaft zur Verfügung zu stehen und die geforderten Fragebögen auszufüllen.

Ich dachte mir, wenn ich mich als den mittellosen Studenten ausgebe, dessen Zukunft förmlich von dem Erfolg dieses Jobs abhänge, dann könnte ich bei meinem Gesprächspartner auf der emotionalen Seite etwas erreichen. Also kleidete ich mich mit älteren Jeans und lässigem Pullover und stellte mich als armen Studenten vor. Meine Strategie sollte aufgehen.

Im Gespräch mit dem bärtigen jungen Probanden Wolfgang wollte ich ein wenig Mitleid erzeugen. Immerhin gab das Institut ziemlich viel Geld aus, um mich nach Berlin fliegen zu lassen. Also wollte ich auf keinen Fall meine Mitarbeiter enttäuschen. »Wolfgang, wenn du bei der Umfrage nicht mehr mitmachen willst und es mir nicht gelingt, dich vom Gegenteil zu überzeugen, bekomme ich kein Geld von meinem Auftraggeber. Ich bin ein armer Student, Wolfgang, und brauche dieses Geld für meinen Unterhalt. Eine Bezahlung erhalte ich nur bei Erfolg. Du studierst doch ebenfalls, dann weißt du doch, wie das ist«, jammerte ich ihm vor.

Mein Plan funktionierte, der bärtige Wolfgang füllte die Unterlagen rasch aus, wahrscheinlich, um mich schnell wieder loszuwerden, und ich strahlte ihn an und bedankte mich überschwänglich.

Bei dem zweiten säumigen Probanden verhalf mir die gleiche Strategie zum Erfolg.

So flog ich mit den gewünschten Papieren gut gelaunt nach Frankfurt zurück.

»Welcher Aufwand und welche Kosten wegen zweier Studienteilnehmer«, dachte ich damals bei mir.

Langsam auf die Zielgerade

Nach solch erfahrungsreichen Ferienjobs ging es wieder ans Studieren. Ich konnte ganz gut allein in meiner Wohnung lernen, lieber aber suchte ich die Deutsche Bibliothek auf. Dort fand ich das nötige Informationsmaterial und ein ruhiges Plätzchen zum Arbeiten. Zum besseren Behalten des Lernstoffs hatte ich mir angewöhnt, längere Buchtexte in Schaubildern zusammenzufassen. So konnte ich die Inhalte besser in meinem Gedächtnis speichern. Gerne habe ich mich auch mit zwei oder drei Kommilitonen, die einen ähnlichen Arbeitsrhythmus wie ich hatten, zum gemeinsamen Lernen und zum Vorbereiten der geforderten Referate getroffen. Nach der anstrengenden geistigen Arbeit war der Kopf voll und brummte. Da konnte nur noch eine Entspannungsphase Abhilfe schaffen. Die erlebten wir des Öfteren in Frankfurt-Sachsenhausen in den legendären Apfelwein-Kneipen. An den langen Tischen saß man dort mit ganz fremden Menschen zusammen und kam sowohl mit Einheimischen, als auch mit den unterschiedlichsten

Touristen aus aller Welt rasch ins Gespräch, was meistens sehr erfrischend, abwechslungsreich und entspannend für uns war. Den Smalltalk beflügelte das berühmte Frankfurter »Stöffchen«, der »Äppelwoi«, der im sogenannten »Bembel« ausgeschenkt wurde.

Wir Studenten hatten natürlich ebenfalls unseren Bembel vor uns stehen, redeten allerdings nicht nur mit anderen Gästen, sondern unterhielten uns auch über unsere Ziele und über die Aussichten nach dem ersten Staatsexamen, das immer näher rückte, einen Referendarplatz und später eine Planstelle an einer Schule zu finden. Zu dieser Zeit war es nicht ganz einfach, eine schulische Anstellung zu bekommen, denn mit dem Anbieten von Referendarstellen hielten sich die Bundesländer ziemlich zurück. Je breiter man von den studierten Fächern her aufgestellt war, desto besser waren die Übernahmechancen.

Also überlegte ich mir, welche zusätzlichen Qualifikationen ich erwerben könnte, um mich interessanter für den Schuldienst zu machen und somit leichter eine Festanstellung zu erhalten. Da ich als junger Mann in meiner Heimat Bexbach lange Zeit Leichtathletik praktiziert und auch an Wettbewerben teilgenommen hatte, schrieb ich mich in einem Kurs an der Uni ein, an dessen Ende man einen Übungsleiterschein erhielt. Damit war ich dann berechtigt, an Schulen Sport zu unterrichten, was mir bei zukünftigen Bewerbungen zugute kam. Aber auch ich konnte einiges aus diesem Kurs für mich persönlich mitnehmen, und zwar lernten wir gezielte Entspannungsübungen kennen. Wenn ich dann wieder einmal viele Stunden über meinen Büchern hockte und mir Kopf und Rücken schmerzten, wusste ich mir nun mit Autogenem Training und aktiver Muskelentspannung Linderung zu verschaffen.

Wie bereits erwähnt, war ich mit Michael befreundet, der früher neben mir im Ludwig-Landmann-Heim wohnte, der dann aber zur Uni nach Berlin gewechselt war. Nach unserer räumlichen Trennung hatten wir weiterhin regen Kontakt. Des Öfteren flog ich mit der damaligen amerikanischen Fluglinie »PanAm« (Pan American World Airways) sehr günstig in die Stadt, die 1991 Bundeshauptstadt wurde. Zu Beginn der neunziger Jahre ging diese Airline leider insolvent.

Michael wohnte in einer kleinen Wohnung, dennoch bot er mir einen preiswerten Unterschlupf. Und nachts, nach unseren gemeinsamen feucht-fröhlichen Kneipenbesuchen, machte es mir auch wenig aus, bei ihm einen Schlafplatz auf dem Boden zu finden, sodass dieser Wochenendtrip für mich nicht zu teuer wurde.

Mit Michael, der inzwischen nicht mehr ganz so still wie damals in Frankfurt, aber immer noch sehr sportlich war, saß ich gegen Mittag in seiner kleinen, sehr penibel aufgeräumten Küche mit einem starken Kaffee in der Hand zusammen. Er erzählte mir Geschichten, die man nur in Berlin erleben konnte, zum Beispiel wollte er mit zwei Kommilitonen in den Ostteil der Stadt. Sie wählten einen der Grenzübergänge und wurden dort routinemäßig von den Passkontrolleuren überprüft. Das Passieren der Grenze in Richtung Ost-Berlin war stets mit einem Bauchkribbeln verbunden, denn ein falsch verstandenes Wort oder Papiere, die nicht ganz in Ordnung waren, konnten schnell zu unangenehmen Folgen führen. Da kannten manche Sicherheitskräfte keine Gnade. Zum Angst einflößen standen genügend Kollegen mit Maschinengewehren einsatzbereit daneben.

Die Dreiergruppe wurde nun gefragt: »Was macht ihr beruflich?«

Der Wortführer der Gruppe antwortete wahrheitsgemäß: »Wir sind Studenten.«

»Und was studiert ihr?«, wollte der noch jüngere Kontrolleur genauer wissen.

»Etwas, das es bei euch nicht gibt: die Aktiengesellschaft!«, war die forsche Antwort des Gruppensprechers.

Michael war bei dieser Reaktion ein wenig blass geworden, aber er und seine beiden Kommilitonen hatten Glück. Entweder hatte der Prüfer keine Ahnung von den Studiengängen im Westen Berlins und merkte folglich nicht, dass er gründlich auf den Arm genommen wurde, oder er gehörte zur Spezies der zugewandten Sicherheitskräfte, die es ja schließlich auch gab, und hatte keine Lust auf weitere Provokationen. Jedenfalls ließ man die drei schmunzelnd den Grenzübergang passieren.

Über diese Geschichte kann ich mich heute immer wieder köstlich amüsieren.

Mein Freund Michael berichtete aber auch von seinen Vorlesungen und Seminaren, unter anderem im Fach Recht, was man als Zusatzfach absolvieren konnte. Hier wurde ich hellhörig. Der starke Kaffee hatte seine Wirkung entfaltet und ich lauschte ihm mit klarem Kopf. Seine Erzählung über dieses Fach Recht faszinierte mich. Könnte das auch eine weitere Zusatzqualifikation für mich werden? Michael und ich entwickelten für mich eine Strategie, wie ich zu diesem Rechtsschein gelangen könnte, und zwar an der Uni Berlin. Der Plan war, dass Michael mir netterweise seine erstellten Seminarunterlagen und Prüfungsvorbereitungen zur Verfügung stellte. In diese musste ich mich dann intensiv einarbeiten, damit ich die entscheidende Klausur mitschreiben konnte. Wenn ich diese bestand, durfte ich eine mündliche Prüfung ablegen. Unser Plan könnte aufgehen, davon war ich überzeugt. Zu diesem

Zweck immatrikulierte ich mich zusätzlich an der Universität in Berlin.

Zurück in Frankfurt begann ich schnell die Idee umzusetzen und vertiefte mich intensiv in Michaels Seminarskripte der Rechtskunde. Dabei spürte ich bald, wie spannend und faszinierend diese Thematik sein kann. Von meinem Freund erfuhr ich, wann und wo die schriftliche Prüfung stattfand. Wiederum flog ich mit »PanAm« nach Berlin. Da ich mich überhaupt nicht auf dem Campus auskannte, weil ich noch an keiner Vorlesung dort teilgenommen hatte, fragte ich mich bei anderen Studenten durch, bis ich an besagtem Prüfungsraum ankam. Obwohl ich an dortiger Universität ein völliges »Greenhorn« war, bestand ich erstaunlicherweise im ersten Anlauf die Prüfung. Anschließend fuhr ich mit der U-Bahn zur Wohnung meines Freundes Michael.

In meinem recht vollen Bahnabteil fiel mir eine junge, blonde Frau mit großen, blauen Augen auf, die an der Tür stand. »Mit Sicherheit eine Studentin«, dachte ich mir. »Saß die nicht vorhin in der Klausur zwei Reihen vor mir?«, schoss es mir durch den Kopf. Mit der einen Hand hielt sie sich an der Haltestange fest, unter ihrem anderen Arm trug sie einen dicken roten »Schönfelder«, ein untrügliches Zeichen für einen Rechtskundler. »Schönfelder« ist eine Gesetzessammlung des Zivil-, Straf- und Verfahrensrechts.

Ich stellte mich neben die besagte junge sympathische Dame namens Andrea und sprach sie während der Fahrt an: »Hallo, ich bin Werner. Warst du vorhin ebenfalls in der Rechtsklausur?«

Meine Vermutung bestätigte sich, auch sie war in der schriftlichen Prüfung dabei.

Da die Fahrt in der U-Bahn nicht sehr lange dauern würde, teilte ich ihr kurz und zielstrebig meine Situation mit: »Ich wohne gar nicht in Berlin, sondern in Frankfurt und möchte hier nur den Rechtsschein erwerben. Ich suche eine Kontaktperson, die mir die nötigen Informationen gibt, wie und wann es mit der Prüfung weitergeht.«

Andrea, die nicht nur sympathisch aussah, sondern die sich als eine nette, hilfsbereite Person herausstellte, war gerne bereit dazu. Und so tauschten wir unsere Adressen aus. Da ich nie in einer Vorlesung des Professors saß und ihn somit nicht näher kannte, verriet sie mir auch noch Tipps für die mündliche Prüfung.

»Wir werden in einer Gruppe von ca. fünf Studenten geprüft. Schaue den Professor nicht an, sonst kommst du direkt dran«, empfahl sie mir.

Das wollte ich mir für den Tag X merken. Mit Andrea, die noch immer in Berlin lebt und dort ebenfalls unterrichtet hat, bin ich bis heute befreundet. Sie hat mich später beim Vermarkten meiner Bücher auch noch einmal sehr unterstützt.

In den kommenden Wochen bereitete ich mich intensiv auf den Tag der Prüfung vor, vor allem las ich mehrere namhafte, überregionale Zeitungen, um politisch auf dem Laufenden zu sein, falls ganz aktuelle gesellschaftspolitische Fragen gestellt wurden.

Zum Prüfungstermin flog ich erneut nach Berlin, um die mündliche Prüfung hoffentlich zu bestehen. Ich war guter Dinge, fühlte mich ganz ordentlich vorbereitet und hatte den gewissen Mut zur Lücke, den man in Prüfungssituationen stets in seinem moralischen Gepäck haben sollte.

Die Prüflinge wurden in Fünfer-Gruppen eingeteilt, so wie Andrea mir dies bereits angedeutet hatte. Wir betraten also zu fünft den Raum, wo uns Fragen zur Beantwortung vorgelegt wurden. Wie mir meine liebe Kommilitonin geraten hatte, vermied ich einen direkten Blickkontakt zu dem Professor. Beim Sichten meines Aufgabenblattes hatte ich ein recht gutes Gefühl, konnte ich doch zu allen Fragen etwas sagen. Offensichtlich hatte ich auch noch die richtige Lösung getroffen, denn ich erhielt die Note Eins. Mich freute es auch, dass meine neue Berlin-Freundin Andrea ebenfalls mit einer prima Note die Prüfung verließ.

Längst schon wieder in Frankfurt zurück, bekam ich Tage später ein Schreiben, in dem mir mitgeteilt wurde, dass ich den Schein in Recht erworben hatte. Das empfand ich als großen Erfolg und ich war stolz auf mich. Nun hatte ich zwei zusätzliche Qualifikationen erworben, nämlich in Sport und Recht, sodass ich mir weniger Gedanken machen musste, eine Anstellung in der Schule zu bekommen. Jetzt musste ich nur noch mein erstes Staatsexamen an der Uni in Frankfurt ablegen. 1978 war das mit einem guten Ergebnis erreicht. Mein Studentenleben hatte ein Ende. Es war für mich ein äußerst positiver Lebensabschnitt, auf den ich sehr gerne und auch mit ein bisschen Stolz und mit einer Portion Selbstsicherheit zurückschaue. Er war arbeitsintensiv, mit kleineren Niederlagen und großen Erfolgen, ohne elterliche Kontrolle und bevormundendes Gegängel. In diesen Studentenjahren konnte ich meine Persönlichkeit entwickeln. Das Bild vom dummen Jungen, das mein Vater von mir zeichnete und von dem er mich allzu gerne überzeugen wollte, konnte ich nun mit dem ersten Staatsexamen in der Tasche getrost abweisen. Allerdings änderte sich für meinen Vater dadurch wenig, Lob und Anerkennung blieben mir weiterhin verwehrt. Davon ließ ich mich nicht unterkriegen, stets hatte ich mein Ziel vor Augen: Ich wollte ein guter Diplom-Handelslehrer werden! Mit Zuversicht ging ich step by step meinen Weg.

Kürzlich hörte ich den Ausführungen des Neurobiologen Prof. Gerald Hüther zu. Sinngemäß sagte er, dass es besser sei, als junger Mensch »echte« Probleme lösen oder umgehen zu müssen. Dann hätte man wesentlich höhere Chancen, als starke Persönlichkeit heranzuwachsen. Schließlich sei es auch »gesünder«, als Kind im Dreck zu spielen als auf zu viel Sauberkeit zu achten. So sei das Immunsystem erheblich mehr gefordert und entwickele sich dadurch viel besser.

Nach diesem wissenschaftlichen Ansatz dürfte ich also dankbar sein für die Probleme, Widerstände sowie mangelnde Anerkennung, die ich in meinem Elternhaus erfahren hatte, insbesondere durch meinen Vater. Wahrscheinlich bedingt durch diese Erfahrungen konnte sich meine Devise »Nur nicht aufgeben!« entwickeln, die mir in meinem Leben häufig weitergeholfen hat.

Erste schulische Gehversuche

Meinem Traumziel war ich nun ein ganz großes Stück nähergekommen, als ich meine Referendarzeit begann. Nahtlos nach meinem universitären Abschluss landete ich in einer Berufsbildenden Schule in Rüsselsheim.

An meinem ersten Schultag, das war auch nach den Sommerferien für alle der erste Tag des neuen Schuljahres, meldete ich mich im Sekretariat an, stellte mich als ein neuer Referendar vor und wurde auch nett von den Sekretärinnen begrüßt: »Ich zeige Ihnen, wo das Lehrerzimmer ist, Herr Hau. Sie werden zu Unterrichtsbeginn dort abgeholt.«

Nun saß ich leicht unsicher dort im Lehrerzimmer, wartete und beobachtete. Meine zukünftigen Kolleginnen und Kollegen kamen herein, nickten mir freundlich zu, steuerten auf ihre Fächer zu, um dort die Informationen der Schulleitung zu entnehmen und vertieften sich anschließend mit anderen Kollegen in Fachgespräche oder erzählten von ihren Ferienerlebnissen. Es schien mir eine angenehme Atmosphäre vorzuherrschen. Dann ging die Tür auf und ein stattlicher Mann mittleren Alters trat ein, der Schulleiter, wie sich schnell herausstellte.

Mit kräftiger Stimme stellte er die Frage in den Raum: »Welches Arschloch hat sein Auto auf MEINEN Parkplatz gestellt?«

»Oh, oh!«, dachte ich. »Eine solche Stimmung. Das kann ja heiter werden.«

Es stellte sich dann heraus, dass ICH dieses »Arschloch« war. Allerdings musste ich zugeben, dass dieses erste Aufeinandertreffen mit dem Schulleiter das einzige in dieser ruppigen Art war. Er zeigte wohl mitunter eine harte Schale, ansonsten kam ich bestens mit ihm aus und wurde von ihm auch gefördert. Ich glaube, er schätzte meine Art, die Dinge zielstrebig und engagiert anzugehen. Diese Zielstrebigkeit bekam er ein paar Wochen später noch einmal zu spüren.

Bald hatte ich mich in der neuen Umgebung eingelebt. Mein erster Eindruck, den ich von dem Kollegium hatte, täuschte mich nicht. Die Kolleginnen und Kollegen waren allesamt freundlich, offen und hilfsbereit. Als Referendar hat man wenig praktische Schulerfahrung und ist deshalb in dieser zweiten Ausbildungsphase sehr auf einen guten Mentor angewiesen, der einen bei seinen ersten Gehversuchen im Unterricht intensiv betreut. Diese Betreuung und Beratung besteht zum einen daraus, dass der Mentor selbst einen guten Unterricht hält, von dem man sich einiges abschauen und selbst Ideen daraus entwickeln kann. Zum anderen sollte der Mentor Fehler des Referendars erkennen, zum Beispiel, dass sich dieser zunächst in Unsicherheit an seinem Pult »festkrallt«, anstatt sich langsam durch den Klassenraum zu bewegen oder dass er zu leise oder undeutlich spricht. Ohne diese Reflexion wird aus dem Referendar sicher kein guter Lehrer. Mir wurde als Mentorin eine Kollegin zugewiesen, eine nette, ältere Dame. Ich begleitete sie in den ersten beiden Wochen in ihren Unterricht und war ganz gespannt, welche Impulse mich für meinen eigenen Unterricht inspirierten. Was ich aber zu sehen bekam, war zwar eine freundliche Lehrerin, die aber ihren Schülern fast alles diktierte. Diese Art der Stoffvermittlung kam mir aus meiner eigenen Schulzeit sehr bekannt vor. Einen Text abschreiben oder diktieren, dann auswendig lernen. Hinterfragen war nicht vorgesehen. So stellte ich mir meinen pädagogischen Alltag nicht vor, immerhin wollte ich es besser machen. Mit den Schülern Aufgaben erarbeiten, erklären, diskutieren, Zusammenhänge herstellen und das auf einem möglichst einfachen Niveau, damit auch jeder mitkommen kann, das war meine Vorstellung von Unterricht. Aber in diesen ersten beiden Schulwochen habe ich erkannt, dass ich von meiner Mentorin wohl wenig lernen konnte. Und Verhaltensweisen, wie mit der Stoppuhr auf dem Stuhl zu stehen, fand ich eher abstoßend. Im Studienseminar, das begleitend zur Schule stattfand, schilderte ich meine Einschätzungen.

Mein dortiger Fachleiter riet mir: »Herr Hau, sprechen Sie doch auch andere Kollegen an und fragen, ob Sie sie in deren Schulstunden begleiten dürfen.«

Auf der Suche nach einem besseren Pädagogen-Vorbild hatte ich Glück bzw. ein gutes Gespür. So traf ich auf Elke, eine kleinere, drahtige Person mit kurzen Haaren, die den Stil von Unterrichten vertrat, der mir genau zusagte. Da ich keine Zeit verschwenden wollte, suchte ich alsbald den Schulleiter auf und trug ihm mein Anliegen vor. Er zeigte Verständnis für seinen zielbewussten Referendar und willigte in den Wechsel ein. Ich war froh, als Junglehrer den Mund aufgemacht und sich gewehrt zu haben, denn mit meiner Kollegin Elke hatte ich als Mentorin einen Glückstreffer erzielt.

Sie konnte mir vieles zeigen und beibringen, konnte durch genaues Beobachten mit mir nach meinen Unterrichtsversuchen meine Verhaltensweisen analysieren und mir somit zu weiterer pädagogischer Sensibilität und Sicherheit verhelfen. Durch sie habe ich wirklich viel gelernt. Auch auf eine Klassenfahrt in den Schwarzwald durfte ich sie begleiten und konnte gleich zu Beginn meiner schulischen Laufbahn erfahren, welche Verantwortung eine Lehrkraft zu tragen hat, die mit einer Klasse mehrere Tage unterwegs ist. Allerdings zeigte mir diese Fahrt auch, wie schnell man als junger Lehrer in brenzlige Situationen kommen kann. Nach einem Tagesausflug bereitete ich in meinem Zimmer in der Jugendherberge noch etwas für den kommenden Tag vor. Plötzlich klopfte es an die Zimmertür. Ich dachte, es sei meine Kollegin Elke und rief »Komm rein!« Die Tür öffnete sich und eine unserer Schülerinnen, ungefähr siebzehn Jahre alt, stand sehr leicht bekleidet im Türrahmen. In ihren knackigen Hotpants und dem bauchfreien Oberteil sah sie äußerst sexy aus. Sie hatte offensichtlich gerade geduscht, denn ihre langen Haare hingen noch feucht auf den Schultern. Heute weiß ich nicht mehr, aus welchem fadenscheinigen Anlass die junge Dame in mein Zimmer kam. Ganz sicher weiß ich aber, dass ich dachte: »Oh, oh. Jetzt nur keinen Fehler machen.« So achtete ich darauf, dass die Zimmertür offenblieb, damit erst gar keine Gerüchte aufkommen konnten.

Außerdem versuchte ich sie schnell abzuwimmeln und aus meinem Zimmer zu bugsieren. Nach dem gemeinsamen Abendessen besprach ich mit meiner Mentorin Elke diesen Zwischenfall. Sie versicherte mir aber, dass ich dabei wohl alles richtig gemacht hatte.

Mit Elke bin ich heute noch befreundet. Nun darf ich sie sogar mit Frau Doktor ansprechen, denn ihr Engagement ließ auch nach ihrer Pensionierung nicht nach: Dann promovierte sie nämlich.

In dem Rüsselsheimer Kollegium konnte man sich wohl fühlen. So gab es in der unterrichtsfreien Zeit auch manches zu feiern. Besonders gern erinnere ich mich an Fastnachtsfeiern mit ausgefeilten Büttenreden von den Kollegen. Ich hatte mich mit Horst aus Mainz angefreundet, einer der hervorragenden Fastnachtsredner. Er beflügelte mich, ebenfalls in die Bütt zu steigen.

An meinen Refrain kann ich mich noch erinnern: »Heute steh ich da als Referendar / nun ist mir bewusst und klar / wie schön es an der Uni war.«

Dieser anderthalbjährige Ausbildungsabschnitt an der Rüsselsheimer Schule war eine gute Zeit für mich, er hat mir meistens Freude bereitet und er bildete ein ausgezeichnetes Fundament für mein weiteres Lehrerleben. Natürlich gab es auch hier Vorfälle, über die ich mich nicht freuen konnte, sondern die Unverständnis in mir hervorriefen. So erfuhr ich, wenn man an der Universität in Frankfurt eine bestimmte Klausur schreibt, dass man damit berechtigt ist, an der Prüfung zum Diplom-Kaufmann teilzunehmen. Das wäre für mich arbeitsmäßig machbar gewesen und schien mir als zusätzliche Qualifikation eine hervorragende Möglichkeit, mich beruflich breiter aufzustellen. Um die Klausur schreiben zu können, musste ich beim Regierungspräsidium Darmstadt einen Antrag auf Dienstbefreiung zum Zwecke der Teilnahme an der Prüfung zum Diplom-Kaufmann stellen. Für die Antwort des zuständigen Referenten des Regierungspräsidiums fehlte mir allerdings jegliches Verständnis. »Da kein dienstliches Interesse erkennbar ist, wird der Antrag abgelehnt.« Für meinen weiteren Werdegang spielte diese Ablehnung allerdings keine Rolle, nur geärgert hatte es mich.

Meine Referendarzeit neigte sich langsam dem Ende zu. Der Schulleiter hatte noch einen kollegialen Tipp für mich: »Wenn Sie noch zusätzlich etwas Geld verdienen möchten, gibt es die Möglichkeit, bei Opel Auszubildende zu unterrichten. Der Unterricht ist abends, ist also gut mit unserem Hauptberuf in Einklang zu bringen. Wenn Sie möchten, kann ich auch schon mit Opel Kontakt aufnehmen und einen Vertrag vorbereiten lassen.«

Das Angebot hörte sich für mich verlockend an.

»Ja, das traue ich mir zu. Aber zu diesem Zeitpunkt kann ich noch nicht zusagen, da ich zuerst abwarten muss, wie sich meine neue Schule dazu verhält.«

Jetzt galt es aber erst einmal, das zweite Staatsexamen zu bewältigen. Ein mögliches Durchfallen stand nicht zur Debatte, da wir Referendare häufige »Zwischenstände« vermittelt bekamen, mit denen ich sehr zufrieden sein konnte. Die Fachleiter aus dem Studienseminar kamen nämlich des Öfteren zu sogenannten Unterrichtsbesuchen, die meistens benotet wurden. Und auch die Schule schrieb eine Beurteilung, wie man sich im schulischen Bereich einbrachte oder welchen Umgang man mit den Schülern und Kollegen pflegte. Auch hier hatte ich wenig zu befürchten. Dann musste man in den letzten Ausbildungsmonaten noch eine Examensarbeit anfertigen. Am

Tag des Examens fand eine mündliche Prüfung statt, in die ich recht angstfrei ging. Dennoch wollte ich natürlich eine bestmögliche Abschlussnote erzielen, denn für die Zusage einer Planstelle waren oft die Stellen hinter dem Komma entscheidend. Mit dem Endergebnis musste ich nicht hadern.

Nun durfte ich mich als fertigen Diplom-Handelslehrer bezeichnen. Um eine Planstelle zu erhalten, hatte ich mich deutschlandweit beworben. Zu Beginn der Achtzigerjahre gab es nicht für alle Lehrer eine Stelle an einer Schule, sodass manch ein Kollege auf seinen Einsatz monate- oder jahrelang warten musste oder gar auf einen anderen Beruf umschulte. Da ich mit zwei Zusatzqualifikationen in Sport und Recht aufwarten konnte, bekam ich gleich drei Zusagen von Schulen im ganzen Bundesgebiet. Weil ich zu diesem Zeitpunkt noch mit meiner damaligen Freundin in Frankfurt wohnte, entschied ich mich für die Schulze-Delitzsch-Schule, einer kaufmännischen Beruflichen Schule, in Hessens Landeshauptstadt Wiesbaden. Den beiden anderen Schulen musste ich dann mitteilen, dass ich ihre Stellen nicht annahm.

Endlich am Ziel

Nachdem ich die offizielle Bestätigung für meinen neuen Schulstandort vom Regierungspräsidium Darmstadt in der Tasche hatte, stellte ich mich bei meinem neuen Schulleiter vor. Ein etwas kleinerer Mann, eher ältlich wirkend, bat mich in sein nüchtern eingerichtetes Büro. Auch die Atmosphäre dieser Bildungseinrichtung wirkte auf mich sehr positiv. Offensichtlich hatte ich eine gute Wahl getroffen. Das Vorstellungsgespräch verlief ebenfalls recht angenehm. Allerdings bekam ich gleich einen Dämpfer: Noch immer hatte ich die Option, bei dem Autohersteller Opel in Rüsselsheim Abendunterricht für Auszubildende zu geben, wofür sich der Schulleiter meiner Ausbildungsschule in Rüsselsheim stark gemacht hatte. In meinem Antrittsgespräch fragte ich nun, ob mir ein solcher Einsatz genehmigt würde.

Mein neuer Schulleiter zeigte sich wenig kooperativ und antwortete streng: »Tut mir leid, Herr Hau, das kann ich Ihnen leider nicht genehmigen.«

Wahrscheinlich befürchtete er, dass ich den schulischen Aufgaben mit einer gleichzeitigen nebenberuflichen Tätigkeit nicht gewachsen war. Ich wollte ihn bei passender Gelegenheit eines Besseren belehren. Bei Opel musste ich deshalb leider absagen.

Nun begann ich als Studienrat z. A. (zur Anstellung) meinen Dienst an der Wiesbadener Beruflichen Schule. Ich konnte sagen, mein beruflicher Traum war in Erfüllung gegangen. Ich hatte meinen Traumberuf gefunden. Von nun an konnte ich versuchen, Schülerinnen und Schülern den Unterrichtsstoff so zu vermitteln, dass sie ihn verstanden. Das hieß auch, dass sie durch praktische, realitätsnahe Beispiele, die ich versuchte zu finden, Zusammenhänge herstellen und sich somit die Inhalte besser merken konnten und vielleicht auch, dass ihnen die Themen Spaß machten. Wir wissen alle, wenn etwas Freude bereitet, sind wir wesentlich motivierter und gehen eine Sache engagierter an. Und die Sache dieser Schüler war ihre Ausbildung, die man möglichst gut absolvieren sollte, um die besten Einstellungschancen bei einem zukünftigen Arbeitgeber zu haben. Also führte ich auch immer wieder Gespräche mit den jungen Menschen und zeigte ihnen auf, welche Weiterqualifizierungen, unter anderem bei der Industrie- und Handelskammer, und welche Aufstiegschancen nach ihrer Prüfung möglich sind, damit sie weiter gefordert bleiben und beruflich nicht in Eintönigkeit versinken. Die Schüler sollten wissen, dass man eine Zusatzqualifikation erwerben konnte, um dann selbst Auszubildende zu begleiten. Lebenslanges Lernen ist keine hohle Phrase!

Die Reaktionen in den Gesprächen mit meinen Auszubildenden fielen ganz unterschiedlich aus.

Ein Teil der Schüler meinte: »Ach, nein, das ist mir zu anstrengend. Mir reicht mein Geld.«

Auch Sätze wie: »Ich suche mir einen reichen Mann«, hörte ich erstaunlicherweise ab und zu.

Andere bedankten sich für die neue Perspektive und wollten sich diese Option offenhalten.

Das lebenslange Lernen galt nicht nur für unsere Schülerinnen und Schüler, sondern auch für uns Lehrkräfte. Während meines Schullebens hatte ich mich in zahlreichen Fortbildungen weitergebildet. Eine dieser mehrtägigen Veranstaltungen blieb mir sehr gut in Erinnerung. Unser Tagungshaus lag etwas abseits eines kleinen hessischen Städtchens, umgeben von einem Park mit angrenzendem Wald. An einem Kurstag befassten wir uns intensiver mit dem Wahrnehmen, dem Zuhören, also mit Fähigkeiten, die in unserem teilweise hektischen und lauten Schulalltag häufig verschüttet gingen. Die Kursleiterin nahm uns nach dem gemeinsam eingenommenen Mittagessen zu einem Rundgang durch Park und Wald mit. Unsere gestellte Aufgabe lautete: »Gehe in die Stille und höre, was zu hören ist.« Keiner durfte dabei reden, was Pädagogen per se schwerfällt, wir sollten uns alle Geräusche merken. Wir kamen sehr schnell zu der Erkenntnis, dass es in der Stille gar nicht still ist. Dieser schweigende Marsch war überaus beeindruckend und, das musste ich mir eingestehen, äußerst fremd und etwas beklemmend. Anschließend besprachen wir unsere Wahrnehmungen und Empfindungen. Erstaunlicherweise kamen wir teilweise zu ganz unterschiedlichen Ergebnissen. Manche vernahmen das leise Brummen eines Traktors in der Ferne, mir war beispielsweise das Flugzeug hoch am Himmel entgangen, alle hatten wir uns aber auf das Singen und Zirpen der Vögel konzentriert.

Diese Übung praktizierte ich immer wieder, sei es privat für mich oder wenn ich den Eindruck hatte, dass eine Klasse gerade sehr unruhig war. Dann unternahmen wir auch einen gemeinsamen Gang in die Stille.

Mir gefiel mein Einsatz an der neuen Wirkungsstätte sehr. Vorwiegend unterrichtete ich angehende Rechtsanwalts- und Notarfachangestellte oder Bürokaufleute, was bedeutete, dass die meisten der vor mir sitzenden Schüler weiblich waren. Da unsere Bildungsstätte eine Berufliche Schule mit über 2000 Schülern und keine reine Berufsschule war, fand auch abends Unterricht statt. Dort saßen all jene Schüler, die bereits ihre

Ausbildung abgeschlossen hatten und die sich weiterqualifizieren lassen wollten, beispielsweise zum »Staatlich geprüften Betriebswirt«. Hier war das Unterrichten ein anderes. Erstens waren die Studierenden, wie sie jetzt hießen, älter und damit ein bisschen erwachsener, und zweitens wollten sie unbedingt etwas erreichen. Immerhin »opferten« sie über mehrere Jahre ihre freie Zeit für eine Weiterbildung. Das hieß, eine Motivation war bereits in hohem Maße vorhanden, was das Unterrichten sehr angenehm machte, konnte ich mich doch vorwiegend auf die Stoffvermittlung konzentrieren.

Am Ziel heißt aber nicht ausruhen

Zum Schulleben gehörte natürlich auch der Austausch mit den Kollegen. Über hundert Mitstreiter gab es an der Schulze-Delitzsch-Schule. Mit den meisten kam ich gut zurecht, mir gefiel das kollegiale Miteinander. Ein Kollege erzählte mir, dass er abends an einer Volkshochschule unterrichtete. Sofort wurde ich hellhörig, war mir doch der Nebenverdienst bei Opel verwehrt geblieben. So überlegte ich, ob mir das zusätzliche Unterrichten an einer VHS gefallen könnte. Die nächste Überlegung war, welchen Kurs ich anbieten könnte. Da vormittags Auszubildende in Büroberufen, bzw. angehende Rechtsanwalts- und Notarfachangestellte vor mir saßen, war mir diese Thematik besonders nah und die Unterrichtsvorbereitungen dürften sich damit im Rahmen halten. Also kam mir die Idee, einen Crash-Kurs zur Prüfungsvorbereitung vorzuschlagen. Da mein Wohnort immer noch Frankfurt war, suchte ich den

Leiter der dortigen Volkshochschule auf, um ihn für meine Idee zu gewinnen. Es stand ein untersetzter, gemütlich wirkender Mann in einem etwas zu knapp sitzenden, grauen Anzug vor mir. Sein stark aufgetragenes Eau de Toilette sollte wohl seinen Schweißgeruch überdecken, was leider nicht ganz gelang. Schweißtreibend war es eher für mich, denn ich hatte ein hartes Stück Überzeugungsarbeit zu leisten, denn mein Gegenüber sah wenig Chancen, bei diesem Kursangebot auf die nötige Teilnehmeranzahl zu kommen.

»Sie müssen bedenken, Sie benötigen mindestens fünfzehn Teilnehmer, um den Kurs genehmigt zu bekommen. Am ersten Unterrichtsabend müssen Sie also mindestens fünfzehn Interessenten auf ihrem Anmeldeblatt eintragen und diese unterschreiben lassen. Und ob Sie das schaffen, bezweifle ich.«

Von dieser negativen Einschätzung ließ ich mich nicht beirren. Ich war überzeugt, es gab einen Bedarf an meinem Kursangebot. Wenn es auf eine Prüfung zugeht, breitet sich häufig Panik aus und man versucht als Prüfling, noch zusätzlichen Stoff zu erhalten.

»Ich habe schon eine Idee, wie ich auf den Crash-Kurs aufmerksam machen kann. Dazu benötige ich von Ihnen nur einige hundert Werbeblätter mit den Kursdetails, am besten in Gelb.«

Darauf ließ sich der VHS-Leiter dann doch netterweise ein: »Sie können die Kopien übermorgen im Sekretariat abholen.«

Mit den gelben und damit auffälligen Informationsblättern unter dem Arm suchte ich im Gerichtsgebäude die Gerichtsfächer der Anwälte auf. Ein Großteil der Anwälte hat dort ein Postfach. In fast jedes dieser Fächer segelte nun einer meiner gelben DIN-A4-Blätter. So konnte ich davon ausgehen, dass auf diesem Wege ein Großteil der Auszubildenden von ihrem Arbeitgeber über das neue Kursangebot informiert wurde. In meiner Schule stellte ich nun sowohl bei der Schulleitung als auch beim Personalrat einen Antrag, dass ich als nebenberuflicher Mitarbeiter der Volkshochschule Frankfurt einen Kurs leite. Vorsichtshalber bezog ich gleich den Personalrat mit ein, denn aufgrund meiner Erfahrung hatte ich natürlich noch die Ablehnung für Opel im Hinterkopf. Aber alle diesbezüglichen Sorgen waren umsonst, denn dieses Mal genehmigte mir die Schule meine abendliche Bildungsaktivität.

Der besagte erste Unterrichtsabend kam, es war ein lauer Septemberabend, der eigentlich mehr zum Verweilen in einer Apfelwein-Kneipe einlud. In mir wuchs die Anspannung. Erreichte ich mein Ziel oder musste ich doch dem rundlichen Leiter kleinlaut Recht geben? Hatte ich mich eventuell doch überschätzt?

Für einen kurzen Moment schoss mir der Satz meines Vaters von früher durch den Kopf: »Dir werden sie dein großes Mundwerk noch stopfen!«

Bald jedoch waren diese Selbstzweifel wieder verschwunden, denn als ich den Raum aufschloss, sah ich viele junge Menschen, die mir folgten. Nach dem ersten Eindruck hatte ich meine Mindestanzahl von fünfzehn locker überschritten. Vorschriftsmäßig und inzwischen relativ entspannt füllte ich das Anmeldeblatt aus und ließ mir von jedem die Angaben unterschreiben. Es waren keine fünfzehn, sondern fünfundsiebzig Teilnehmer! Mein Konzept schien aufgegangen zu sein. Natürlich konnten nicht alle in einem Kurs unterrichtet werden.

Am Tag darauf rief mich eine Mitarbeiterin der Volkshochschule an und fragte vorsichtig: »Mit dieser Nachfrage haben wir nicht gerechnet. Wären Sie auch bereit, einen weiteren Kurs zu halten?«

Ein bisschen Genugtuung verspürte ich schon dabei. In den kommenden Jahren, so lange ich noch in Frankfurt wohnte, hielt ich wöchentlich die zwei VHS-Kurse. Erst als ich nach Mainz zog, wurde der Aufwand für mich zu groß und ich verzichtete auf diese nebenberufliche Tätigkeit.

An einen Kursabend erinnere ich mich noch genau: Meine Schüler und ich hatten uns tief in ein betriebswirtschaftliches Problem vertieft, als eine Schülerin plötzlich aufsprang: »Herr Hau, schauen Sie mal, da draußen!«

Durch die Fenster unseres Kursraums, der sich im Parterre befand, konnten wir auf eine größere Straße, die durch Frankfurt führt, schauen. Alle verteilten wir uns jetzt neugierig an den drei Fenstern und staunten nicht schlecht, als ein Trabi nach dem anderen in einem Konvoi an uns vorbeifuhr, begleitet von einem kräftigen Hupkonzert. Wir winkten freundlich nach draußen, so wie das die Menschen in den Nachbarhäusern auch taten. Es war November des Jahres 1989 – und die Mauer in Berlin war gefallen. Nachdem der letzte Trabi vorbeigetuckert war, konnten wir natürlich nicht mehr zu unserer betriebswirtschaftlichen Tagesordnung übergehen, sondern wir diskutierten über die weitreichende Bedeutung des Mauerfalls.

Eine Freundschaft entsteht

Wie bereits erwähnt, unterrichtete ich einige ReNo-Klassen, in denen Auszubildende zur/zum Rechtsanwalts- und Notarfachangestellte/n saßen. Anders als in den allgemeinbildenden Schulen bis zur Klasse zehn oder elf suchte man als Lehrer nicht den Kontakt zu den Eltern, sondern die Arbeitgeber waren jetzt die Ansprechpartner. Hin und wieder ging es um die Notengebung oder um Fehlzeiten der Schüler, die entschuldigt werden mussten. So meldete sich eines Tages im Sekretariat der Schule ein Anwalt und Notar und bat um ein Gespräch mit mir wegen seiner Auszubildenden. Den Gesprächsgrund, nämlich das Verhalten der Auszubildenden, konnten wir zügig und einvernehmlich abarbeiten. Beide waren wir uns auf Anhieb sehr sympathisch. Seine dunklen, wachen Augen waren mir gleich positiv aufgefallen, zusammen mit den graumelierten Haaren sowie der zurückhaltenden Eleganz seiner Kleidung wirkte der Jurist eher südländisch. Der leichte badische Akzent verriet aber sofort seine Heimat Baden. Obwohl weit von einem Saarländer entfernt, fanden wir reichlich Gesprächsstoff. So verabredeten wir uns ein paar Wochen später privat auf ein Bier. Es sollte in einer gemütlichen Altstadtkneipe ein sehr netter Abend werden, dem noch weitere folgten, und bald schon gingen wir zum vertrauten Du, Rainer und Werner über. Beide stellten wir fest, dass wir enorme Probleme mit unseren Vätern hatten. Wir erzählten uns von den jeweiligen väterlichen Demütigungen und seelischen Verletzungen und stellten fest, dass es uns gut tat, über dieses Thema mit einem verständnisvollen Gegenüber mit eigenen einschlägigen Erfahrungen zu reden. Beide hatten wir zu dieser Zeit auch noch einen großen Beziehungsstress mit unseren jeweiligen Partnerinnen zu bewältigen, beziehungsweise war sowohl bei Rainer als auch bei mir eine Trennung erfolgt. So konnte uns der Gesprächsstoff gar nicht ausgehen.

Eines Abends besuchte er mich zuhause in Mainz. Ich hatte für mich bereits eine »Therapie« gefunden. Wenn ich sehr traurig war, schaute ich mir den US-amerikanischen Tanzfilm aus dem Jahr 1987 »Dirty Dancing« mit Patrick Swayze und Jennifer Grey an. Regie führte Emile Ardolino.

Dort gibt es eine Szene, in der der Vater im Dämmerlicht allein auf der Terrasse des Ferienhauses sitzt und auf den vor ihm liegenden, ruhigen See starrt. Die weibliche Hauptrolle namens Baby stellt sich weinend vor ihren Vater und wirft ihm trotzig vor: »Wir haben doch mal abgemacht, dass wir uns immer die Wahrheit sagen, Daddy. … Ich gehöre auch zu dieser Familie und du kannst mich nicht weiter wie Luft behandeln. Wir alle haben unsere Fehler, oder meinst du nicht? Aber wenn du mich liebhast, dann musst du mich so lieben, wie ich bin. Und ich habe dich auch lieb. Es tut mir leid, dass ich dich enttäuscht habe.«

Diesen Filmausschnitt konnte ich mir immer wieder ansehen, führte er doch bei mir oftmals dazu, dass auch ich mir den Kummer von der Seele heulen konnte. Anschließend fühlte ich mich befreit von dunklen Gedanken und im Allgemeinen auch wieder gut, was wohl auch von der herrlichen und mitreißenden Filmmusik herrührte. Musik kann bei mir sehr zur Seelenheilung beitragen. Als mich nun Rainer eines Abends besuchte, nahmen wir zusammen eine »Therapiestunde« und schauten uns gemeinsam den Film an. Auch bei ihm war die Wirkung eine ähnliche. Da wir unser damals empfundenes Leid nicht nur filmisch zu heilen versuchten, sondern auch mit Alkohol, sprich mit einer gehörigen Portion Gerstensaft nachhalfen, konnte Rainer an ein nach Hause Fahren gar nicht mehr denken. Also richtete ich ihm ein Nachtlager auf der Gästecouch.

Am nächsten Morgen, nach einem kräftigen Frühstück mit starkem Kaffee, fuhren wir dann von Mainz aus emotional gestärkt, aber noch etwas tüdelig im Kopf zu unseren Arbeitsstätten.

In den folgenden Monaten und Jahren, jeder von uns hatte inzwischen eine neue Partnerin, benötigten wir keine »Therapie« mehr, sondern unternahmen Ausflüge, teilweise auch zu viert, beispielsweise in den Rheingau oder auf eine Burg am Rhein. Ich genoss Rainers Anwesenheit sehr, er umgekehrt ebenfalls, unser mehr oder weniger zufälliges Zusammentreffen entwickelte sich zu einer wunderbaren Freundschaft.

In der Seele schmerzt es mich noch heute, dass ich nicht wahrgenommen habe, bzw. nicht wahrnehmen konnte, dass sich bei ihm eine Depression einschlich. Diese Krankheit verstärkte sich bei ihm bis zu einem scheinbar für ihn unerträglichen Maß, weitgehend unbemerkt von Familie und Freunden.

Eines Sonntagsmorgens erreichte mich der unvergessliche Anruf seiner Frau: »Gestern Abend hat sich Rainer erschossen.«

Das war ein großer Schock für mich, ist es eigentlich noch heute und stimmte mich unendlich traurig. Diesen Selbstmord empfand ich als so sinnlos. Traurig war ich auch darüber, dass sich diese Krankheit so still und leise in einem Menschen breit machte und ihn wie in einem Tunnel gefangen hielt.

Manchmal, wenn ich ein gutes Musikkonzert erlebe oder etwas Schönes sehe, denke ich an meinen Freund: »Schade, dass Rainer das nicht mehr erleben kann.«

Ein ständiger Begleiter: Bewertungen

Mein Schulleben an der Schulze-Delitzsch-Schule in Wiesbaden gefiel mir weiterhin. Sich für die Schülerinnen und Schüler einzusetzen, ihnen zum Beispiel das Thema »Abstraktionsgesetz« wenig abstrakt zu erklären und näherzubringen, lohnte sich. Wenn es dann Richtung Abschlussprüfung ging und sich bei den jungen Leuten vermeintliche, inhaltliche Lücken auftaten, kam dann hin und wieder die Bitte: »Können Sie uns nicht noch ein bisschen Nachhilfe geben?«

Nachhilfe im klassischen Sinne, also gegen Bezahlung, konnte ich natürlich nicht anbieten, aber ich traf mich samstags auf freiwilliger Basis mit der Klasse in der Schule, um manches Thema noch einmal zu vertiefen. Dabei gestaltete ich den Unterricht etwas lockerer, das hieß, wir begannen zuerst einmal mit einem gemeinsamen Frühstück, zu dem jeder etwas beitrug. Nach einem Brainstorming, wo alle ihre Gedanken zu diesem Thema zunächst unsortiert nennen konnten, erstellten wir dann gemeinsam eine Mind-map, um so einen Sachverhalt besser verinnerlichen und bis mindestens zur Prüfung behalten zu können. Oder die Schüler präsentierten die Ergebnisse ihrer Referate, die sie zu einem bestimmten Thema erarbeitet hatten. So machte Schule Spaß, mir jedenfalls und den meisten meiner Auszubildenden wohl auch.

Am Jahresende bat ich meine Klassen meistens, anonym eine Unterrichtskritik über das zurückliegende Schuljahr zu schreiben. Eine solche Beurteilung meiner Arbeit war für mich äußerst interessant, denn hier konnte ich erfahren, was und wie etwas bei den Schülerinnen und Schülern ankam, welche

Unterrichtsmethoden am besten angenommen wurden oder wo ich etwas ändern sollte.

Eine Schülerin aus der Klasse 10 schrieb: »Ihr Unterricht ist sehr fundiert und Sie verwenden anschauliche Beispiele. Ich konnte Ihnen gut folgen und habe das Gefühl, etwas gelernt zu haben, was ich mir behalten und für die Schule und weitere Prüfungen, aber auch für meinen Beruf sowie im Privaten gebrauchen kann.«

Bei diesem Briefauszug aus einer Klasse 11 musste ich doch schmunzeln: »Positiv sind die aktuellen Themen, die Sie regelmäßig dem Handelsblatt entnehmen und der Klasse so näherbringen, dass einem das Handelsblatt doch nicht so langweilig erscheint, wie man als vorurteilsbelasteter Schüler meint…«

Am Ende ihrer Ausbildung schrieb eine Schülerin: »Danke für die drei sehr lehrreichen und schönen Jahre, in denen wir Sie im Unterricht haben durften. Vielen Dank für alles, was Sie uns beigebracht haben. Ich weiß, es ist Ihre Arbeit, das zu tun. Aber Sie haben uns vieles gelehrt, was über den Lehrplan hinausging …«

Aber auch das bekam ich zu lesen: »In der ersten Stunde, die ich bei Ihnen hatte, bin ich mit der Meinung nach Hause gegangen, Sie seien verrückt. Diese Tatsache hat sich nicht bestätigt. Ihr Humor ist am Anfang sehr schwer zu verstehen… Sie bringen immer viele Beispiele, die man nie wieder vergisst.«

Manchmal las ich auch: »Sie haben so viele Geschichten im Unterricht erzählt. Das hat mich irritiert.« Eine solche Aussage hieß für mich beim nächsten Mal, besser zu erklären, warum ich jetzt diese »Geschichte« erzählte, was natürlich seinen Grund hatte. Für mich bedeuteten diese Rückmeldungen in den meisten Fällen eine Bereicherung, konnte ich doch damit meinen Unterricht wesentlich besser reflektieren und gegebenenfalls korrigieren.

Wenn ich den Satz las: »Das einzige, was ich in der Zwischenprüfung wusste, habe ich bei Ihnen gelernt«, dann wusste ich, dass es sich lohnte, viel in die Unterrichtsvorbereitung zu investieren.

Die Vermittlung des Unterrichtsstoffes bereitete mir immer viel Freude, weniger aber dann die Notengebung. Die Tage, an denen die Zeugnisnoten mit den Schülerinnen und Schülern besprochen wurden, waren für mich meist die anstrengendsten im Jahr, weil ich emotional stark gefordert war. Mit jeder oder jedem führte ich dann ein Gespräch unter vier Augen, wobei zunächst die Schülerin oder der Schüler zuerst zu Wort kam und ihre oder seine Einschätzung der erbrachten Leistung vortrug. In den Fällen, in denen sich meine Beobachtungen mit denen der Schüler deckten, gab es keine Komplikationen. Wenn sich die Schüler in ihren Leistungen schlechter einschätzten, als ich sie wahrnahm, konnte ich die Heranwachsenden aufbauen, ihnen ihre Fähigkeiten aufzeigen. Oft ging anschließend der Schüler gestärkt und motiviert aus dem Gespräch. Diese Dialoge führte ich logischerweise am liebsten. Wesentlich schwerer fiel es mir, wenn sich ein Schüler überschätzte, ihm zu verdeutlichen, dass ich ein ganz anderes Bild von ihm hatte.

»In meinen Klassenarbeiten habe ich eine Zwei. Also schätze ich mich als gute Schülerin ein.«

»Und wie waren Ihre mündlichen Leistungen?«, wollte ich wissen. Wir siezten alle unsere Schüler.

»Ja, mündlich traue ich mich halt nicht so«, lautete die ehrliche Antwort.

»Aber Beiträge im Unterricht sind ebenso wichtig wie die schriftlichen Arbeiten, die fließen ebenfalls in die Note.«

Emotional konnte es für mich schwierig werden, wenn eine Schülerin oder ein Schüler mir erklärte, warum er oder sie nicht die gewünschte Leistung erbringen konnte.

»Meine Mutter war lange krank. Da musste ich den Haushalt erledigen und meine Geschwister versorgen. Deshalb konnte ich nicht lernen.«

Oder: »Ich habe Stress mit meinem Vater, weil der etwas gegen meinen Freund hat. Da konnte ich mich nicht konzentrieren und auch nicht genügend lernen.«

Manchmal ließen solche Aussagen meine früheren häuslichen Probleme aus dem Unterbewusstsein treten.

Dann hörte ich wieder die fordernde Stimme meines Vaters von damals: »Mach schnell deine Hausaufgaben, dann hilfst du uns im Laden!«

Manchmal vernahm ich auch bei türkischstämmigen Schülerinnen große Bedenken: »Meine Eltern wollen, dass ich in die Türkei fahre. Aber ich habe Angst, dass ich dort verheiratet werde.« Und manchmal waren solche Ängste auch ganz berechtigt und real.

Zum Glück ist die Notengebung nur ein Aspekt des ansonsten befriedigenden Lehrerlebens.

Neuland: Schreiben

Eines Tages, ich war noch gar nicht sehr lange an der Schulze-Delitzsch-Schule, kamen eine Redakteurin und ein Redakteur des Gabler Verlages in die Schule und wollten mich sprechen. Sie hatten mitbekommen, dass ich Auszubildende in ReNo unterrichtete und auch im Fach Recht Unterricht gab. Der Gabler Verlag ist ein in Wiesbaden ansässiger Fachverlag für Wirtschaft, heute gehört er zum Springer Verlag.

Wir hatten uns für zwei Tage später nach Unterrichtsende verabredet. Im Schulgebäude zogen wir drei uns in eine relativ ruhige Ecke zurück, mit einer angenehmen Büroatmosphäre konnte ich leider nicht dienen. Die beiden Redakteure, eine etwas kleinere, blonde Dame und ein großer, hagerer Herr, beide blickten sie freundlich in die Welt und waren gut gekleidet, eröffneten unser Gespräch damit, dass der Verlag plante, eine Zeitschrift für Auszubildende im Bereich Rechtsanwalts- und Notarfachangestellte herauszugeben. Sie erläuterten mir das Konzept dazu und fragten mich anschließend, ob ich bereit sei, Beiträge für diese Zeitschrift zu schreiben. Da musste ich natürlich erst einmal schlucken. Grundsätzlich konnte ich mir das sehr gut vorstellen, ging es doch darum, ähnlich wie im Unterricht Wirtschaftsthemen zu erklären und zu veranschaulichen.

Deshalb fiel meine Antwort sehr eindeutig aus: »Ja, ich habe große Lust, mich an der Zeitschrift zu beteiligen.«

Zufrieden mit meiner Antwort verabschiedeten sich die beiden Redakteure wieder. Längere Zeit hörte ich dann nichts mehr vom Gabler Verlag und ich befürchtete schon, man habe die Idee der Ausbildungszeitschrift wieder verworfen.

Einige Wochen später überraschte mich eine Durchsage während meines Unterrichts. In unseren Klassenräumen befand sich eine Gegensprechanlage.

Wie gesagt mitten in meiner Unterrichtsstunde ertönte die Stimme der Sekretärin im Raum: »Herr Hau, kommen Sie bitte ins Sekretariat.«

Also versorgte ich meine Klasse mit einer Aufgabe und ließ sie allein, was unproblematisch war, da die Schüler volljährig waren. Mit ungutem Gefühl steuerte ich das Sekretariat an. War etwas vorgefallen?

Eine der Sekretärinnen teilte mir mit: »Die stellvertretende Schulleiterin möchte Sie gern in ihrem Büro sprechen.«

Etwas zaghaft und leicht verdutzt öffnete ich die Bürotür. Die Stellvertreterin kam direkt zum Thema: »Herr Hau, ich habe gehört, dass Sie für den Gabler Verlag schreiben sollen. Ich möchte Ihnen nur zu bedenken geben, dass das einen großen Aufwand und viel Arbeit bedeutet. Außerdem bekommen Sie dafür kaum Geld.«

Nun war ich zunächst völlig irritiert und sprachlos, was eigentlich seltener der Fall ist. Aber ich nahm den Einwand der stellvertretenden Schulleiterin zur Kenntnis und begab mich kommentarlos in meine Klasse, um den Unterricht fortzusetzen. Was sollte diese Ansage, mit welchem Recht wollte sie sich einmischen?

Ein paar Tage danach meldete sich dann auch der Gabler Verlag wieder und man bat mich zu einem Gespräch in das Verlagshaus.

Die blonde, sympathische Redakteurin Dorothea, mit der ich heute noch befreundet bin, begrüßte mich sehr freundlich und erklärte mir die Situation: »Herr Hau, Sie haben sich bereit erklärt, an unserer Zeitschrift mitzuarbeiten. Nun hatten wir auch einen Rechtsanwalt gefunden, der für die Ausbildungszeitschrift schreiben wollte. Sein Beitrag liegt uns jetzt vor. Der Anwalt ist ein sehr guter Jurist, aber sein Schreibstil eignet sich nicht für diese Zielgruppe, die Ausdrucksweise ist nicht schüleradäquat. Die Leser würden den Text nicht verstehen. Den Anwalt haben wir deshalb wieder ausgeladen. Wir möchten gern, dass Sie über dieses Thema schreiben.«

Nun hatte ich meinen ersten Schreibauftrag. Das Thema lautete »Wie gründe ich eine GmbH?« Immer wenn man es mit Verlagen zu tun hat, gibt es natürlich festgelegte Fristen, das sollte ich schnell merken. Ich konnte also nicht sagen: »In den kommenden Sommerferien kümmere ich mich darum«, sondern jetzt galt es, zügig an den Auftrag zu gehen. Dabei wollte ich meine Sache sehr gut machen, sollte die Zeitschrift doch erfolgreich werden und gehörten doch bekannte Menschen zu den Autoren. Dazu zählte auch der Jurist, der fast zwanzig Jahre im ZDF eine Gerichtssendung moderierte. In dem 45-Minuten-Magazin wurden wirkliche Gerichtsverhandlungen nachgestellt.

Tja, wie verfasste man nun einen Text, der nicht zu juristisch klingen durfte, der aber einen rechtlichen Sachverhalt verständlich darlegen sollte, damit meine und alle anderen Auszubildenden in dem Bereich etwas lernen konnten? Ich entschied mich dafür, ähnlich wie bei meinen Unterrichtsvorbereitungen zu verfahren. Ein Pressebericht des Handelsblatts über Arbeitslosenzahlen diente mir als Aufhänger. Daran knüpfte ich einen von mir konstruierten Fall über eine junge Frau, die sich wegen der damaligen Arbeitsplatzsituation selbstständig machen wollte. Die notwendigen Rechtsgrundlagen führte ich natürlich an, da die Auszubildenden mit Gesetzestexten umgehen müssen. Am Ende des Artikels fasste ich die wichtigsten Fakten noch einmal in einem Schaubild zusammen, ähnlich wie ich das früher bei meinem Lernen häufig praktizierte.

Ich war ganz zufrieden mit meinem ersten Schreibauftrag, war es mir doch aus meiner Sicht gelungen, einen schwierigen Sachverhalt verständlich und in angemessener Sprache herüberzubringen.

Fristgerecht gab ich dann meinen Zeitschriftenbeitrag im Verlag ab. Die Redaktion nahm an der einen oder anderen Stelle kleinere Korrekturen vor, inhaltlich blieb meine Vorlage erhalten. Dann wurde der Text in das Format der Zeitschrift übertragen und noch mit einem ansprechenden Bild versehen. Ich erhielt vor dem Erscheinen noch einmal meinen Beitrag im fertigen Layout, musste mein Okay geben und dann wanderte alles in die Druckerei.

Nach der Veröffentlichung erhielt ich vom Verlag ein Exemplar zugeschickt. Ich war schon ein Stück stolz auf mich, als ich das erste Heft in meinen Händen hielt, im Inhaltsverzeichnis mit meinem Namen.

In den kommenden Jahren, in denen ich weitere Artikel verfasste, kam entweder der Redakteur des Verlages auf mich zu und wünschte sich einen Text über ein bestimmtes Thema oder ich brachte eine Idee ein, worüber es sich nach meiner Meinung lohnte, ausführlicher zu schreiben. Das konnten dann auch aktuelle Anlässe sein, zum Beispiel die Veröffentlichung des Jahresgutachtens des Sachverständigenrats, das in jedem Herbst vorgestellt wird. Oder was bedeutet eigentlich »culpa in contrahendo«? Diese Frage wird in einer ReNo-Klasse im Unterricht beantwortet.

Um den Auszubildenden im Bereich Rechtsanwalts- und Notarfachangestellte durch die Zeitschrift das Verstehen zu erleichtern, zog ich einen aktuellen Fall heran. Dem berühmten Sänger Udo Jürgens waren von einem Gastwirt Schadensersatzansprüche zuerkannt worden, weil der Wirt eine Veranstaltung abgesagt hatte. Der Gastwirt wiederum ließ das nicht auf sich sitzen und ging dagegen gerichtlich vor. Wer hatte nun Recht? In meinem Artikel zu dieser rechtlichen Frage rollte ich systematisch den Fall auf, erklärte die Fachbegriffe, erläuterte das Urteil in einer Sprache, die auch Nicht-Juristen verstehen konnten, und rundete den Text mit einem Schaubild ab.

Mit Urteilen befasste ich mich eine ganze Weile. Das konnte ein Rechtsspruch sein, der zum Schmunzeln einlud, wie das Beispiel aus dem Reiserecht. Ein Paar hatte eine Urlaubsreise auf eine spanische Insel gebucht und wünschte im dortigen Hotelzimmer ein Doppelbett. Nun wurde das Paar aber in ein Zimmer mit zwei getrennten Betten einquartiert. »Bereits in der ersten Nacht habe man feststellen müssen, dass man in seinen Schlaf- und Beischlafgewohnheiten empfindlich beeinträchtigt worden sei«, so die spätere Klage vor dem Amtsgericht in Mönchengladbach (C 106/91).

Das klagende Paar verlangte Schadenersatz. Diesem wurde nicht stattgegeben, mit der folgenden Begründung:

»Es hätte nur weniger Handgriffe bedurft und wäre in wenigen Minuten zu erledigen gewesen, die beiden Betten durch eine feste Schnur miteinander zu verbinden. Es mag nun sein, dass der Kläger etwas Derartiges nicht dabeihatte. Eine Schnur ist aber für wenig Geld schnell zu besorgen. Bis zur Beschaffung dieser Schnur hätte sich der Kläger beispielsweise seines Hosengürtels bedienen können, denn dieser wurde in seiner ursprünglichen Funktion in dem Augenblick sicher nicht benötigt.«

Beim Lesen dieser Urteilsbegründung macht sich bestimmt bei jedem ein Grinsen im Gesicht breit.

In einem anderen Aufsatz hört sich das Thema ebenfalls etwas skurril an: »Hosen runter lassen … oder? – Kündigung wegen Toilettengang« – Es sollte einem Mitarbeiter gekündigt werden, da dieser auf der Toilette saß, aber seine Hosen anbehielt, wie sein Chef auf einem Kontrollrundgang herausfand. Der Chef machte dann auch gleich ein Foto über die Kabinenwand. Der Mitarbeiter machte wohl eine Pause und war eingeschlafen.

Solche juristischen Sachverhalte und ihre Urteilsbegründungen bereiteten mir Freude sie zu analysieren und den Lesern der Ausbildungszeitschrift zu erklären.

Irgendwann kam mir die Idee, Interviews für die Zeitschrift zu führen. Dazu suchte ich Kontakt zu ehemaligen Auszubildenden, die nach ihrem Abschluss einen ganz anderen beruflichen Weg eingeschlagen hatten. Solche Themen gaben den aktuellen Auszubildenden, also der Zielgruppe der ReNo-Zeitschrift, Motivation und vielleicht neue Ideen für die eigene Karriere. Interviews führte ich allerdings auch mit sehr erfolgreichen Juristen. Dazu gehörte auch der damalige Ministerpräsident des Saarlandes, Peter Müller, der heute Richter des Bundesverfassungsgerichts in Karlsruhe ist. Ich muss gestehen, das war eine kühne Idee, bei einem Ministerpräsidenten anzufragen, ob ich ein Interview mit ihm führen konnte, das anschließend in einer Ausbildungszeitschrift veröffentlicht wurde. Aber kühne Ideen können doch auch zum Erfolg führen. Es sollte ein Gespräch werden von Saarländer zu Saarländer. Erstaunlich! Ich durfte nach Saarbrücken in die Staatskanzlei kommen. Ein Zeitfenster von einer Viertelstunde wurde mir zugesagt. Gut, das musste genügen, um die wichtigsten Fragen stellen zu können, die für die Auszubildenden interessant waren. Bestens vorbereitet fuhr ich nach Saarbrücken. Mir war allerdings vorher noch ein Coup gelungen. Die Schwester des Ministerpräsidenten, eine Kollegin an einer Berufsbildenden Schule, die ebenfalls im Rhein-Main-Gebiet lebte, kannte ich bereits seit langem. Sie fragte ich, ob sie als Überraschungsgast mit ins Saarland fahren wolle. Das wollte sie gerne machen.

Und die Überraschung war mehr als gelungen, Peter Müller empfing uns sehr herzlich in seinem Büro in der Saarbrücker Staatskanzlei. Wenn drei Saarländer unter sich sind, wird natürlich ganz spontan Dialekt gesprochen. Auf die übliche saarländische Begrüßung verzichteten wir allerdings: »Unn?«

»Jò, unn selbschd?«

Die geschah noch auf Hochdeutsch.

Unser Gespräch, genauer gesagt, das Interview, das ich mit ihm führte, verlief perfekt nach meinem Plan. Der Ministerpräsident gab ausführliche Antworten. Und als längst alle meine Fragen abgearbeitet waren, unterhielten wir uns über aktuelle Themen aus der Tagespolitik. Ich durfte sogar unser Treffen mit meiner mitgebrachten Kamera filmen. Von Eile

Werner Hau – Gespräch mit dem ehemaligen Ministerpräsidenten des Saarlandes Peter Müller in der Staatskanzlei in Saarbrücken

oder dringendem Anschlusstermin war überhaupt nicht mehr die Rede. So wurden aus den angesetzten fünfzehn Minuten äußerst informative und kurzweilige hundertzwanzig.

Das war erst der Anfang

Grundsätzlich war die Resonanz auf meine Beiträge in der Ausbildungszeitschrift positiv. So ist auch zu erklären, dass der ZDF-Moderator darauf gedrungen hatte, dass ich für die »RENO« weiterschreibe. Diese motivierende Botschaft verriet mir später Dorothea, die nette Redakteurin des Gabler Verlags. Meine Freude darüber konnte ich nicht verhehlen.

Umso verunsicherter und irritierter war ich, als mich eines Tages eine Mitarbeiterin des Verlages anrief und mich bat, ins Verlagshaus zu kommen. Normalerweise kommunizierten wir telefonisch miteinander. Einen Grund nannte sie nicht. Was war geschehen? Was hatte ich falsch gemacht? Etwas ängstlich und an mir zweifelnd fuhr ich nachmittags nach meinem Unterricht zum vereinbarten Termin zum Gabler Verlag. Die aufmerksame Sekretärin mittleren Alters bot mir einen Platz und einen Kaffee an. Den nahm ich dankend an. Die Atmosphäre war entspannt, sodass auch ich mich langsam wohler fühlte und meine Unsicherheit wich.

Nach einer Weile erschien die Verlagsmitarbeiterin, eine hochgewachsene, brünette Frau, und eröffnete mit einer wohligen Stimme das Gespräch: »Herr Hau, Sie haben sich bestimmt gewundert, dass wir Sie zu einem Gespräch hierher eingeladen haben.«

Das konnte ich nur kopfnickend bestätigen.

Dann fuhr sie freundlich fort: »Wir hätten gern, dass Sie folgendes Buch schreiben: ›Abschlussprüfung für Rechtsanwalts- und Notarfachgehilfen – Rechtslehre und Wirtschaftslehre‹. Die Zielgruppe sind Auszubildende.«

Ich war sprachlos! Als mir dann langsam wieder die Worte kamen, nahm ich selbstverständlich dieses Angebot an und freute mich über so viel Wertschätzung meiner bisherigen Arbeit.

Auf dem Weg vom Verlag nach Hause war von meiner anfänglichen Unsicherheit, bzw. meinen Selbstzweifeln nichts mehr übrig. Allerdings krochen neue Bedenken in mir hoch. Wie kann ich meine schulischen Aufgaben mit dem Schreiben vereinbaren? Schaffe ich es, den vereinbarten Termin zur Abgabe einzuhalten? Und wie schreibt man überhaupt ein Prüfungsbuch?

Zu Hause begann ich sofort damit, mir einen Plan zu machen. Für jeden Ausbildungsberuf gibt es einen Lehrplan, den die Lehrer in der Schule mit ihren Schülern abarbeiten. Diesen Lehrplan konnte ich als Struktur dem Buch zugrunde legen. Nun musste ich mich von Kapitel zu Kapitel hangeln und dieses jeweils mit Stoff füllen. Stoff hieß in diesem Fall, eigene Aufgaben zu kreieren, passende Gesetzestexte zu finden und Erklärungen zu verfassen. Dazu besorgte ich mir zunächst einmal geeignetes Informationsmaterial, wie beispielsweise Bundestags- oder Bundesratsdrucksachen, die man sich kostenlos anfordern kann. Außerdem kaufte ich mir die neuesten Kommentare, die es zu den einzelnen Gesetzbüchern gibt. Nun galt es zu lesen, Aktuelles den Zeitungen zu entnehmen, Ideen zu schmieden und auf der Schreibmaschine zu tippen. Die folgenden Monate waren ausgesprochen hart und schwierig, das musste ich mir eingestehen. Vormittags hielt ich meinen

Unterricht, nachmittags folgten Unterrichtsvorbereitungen, Klassenarbeiten, Konferenzen usw. und nachts arbeitete ich an meinem ersten Buch.

Aber ich schaffte es. In der vorgegebenen Frist konnte ich mein Werk dem Verlag überreichen. Was noch nicht schriftlich geklärt war, waren die Prozente, die ich als Autor vom Verkaufspreis erhalten sollte. Man hatte mir den Prozentsatz mündlich mitgeteilt, offensichtlich aber nicht der zuständigen Fachabteilung. Der Verlagsmitarbeiter, der jetzt meinen Vertrag unterschreiben sollte und mit dem ich bisher noch nichts zu tun hatte, war gar nicht gewillt, mir den mündlich zugesagten Anteil einzuräumen. Da meldete sich doch instinktiv wieder der Kampfgeist in mir. Nur nicht aufgeben!

Nach einer unergiebigen Diskussion mit dem Herrn drohte ich: »Ich bleibe solange in Ihrem Büro sitzen, bis Sie mir den vereinbarten Prozentsatz schriftlich geben!«

Genervt unterschrieb er irgendwann den Vertrag, wie ich ihn mir vorgestellt hatte. 1983 erschien nun mein erstes Buch, das immerhin bis zur siebten Auflage gelangte und fast zwanzig Jahre auf dem Markt war. Mit jeder Auflage habe ich den Inhalt aktualisiert, was immer wieder nötig war, weil sich Gesetze und Grundlagen geändert hatten.

Nach Erscheinen der ersten Ausgabe nahm ich natürlich ein Exemplar mit zu meinen Eltern, als ich sie das nächste Mal im Saarland besuchte. Nun musste doch vonseiten meines Vaters ein Wort des Lobes und der Anerkennung kommen. Vielleicht war er ja tatsächlich stolz auf seinen Sohn, aber er konnte es partout nicht zeigen und zugeben. Er nahm das Buch in seine Hand, blätterte darin, schaute sich eine Aufgabe auf einer Seite etwas genauer an und meinte lakonisch: »Das, das hätte ich aber anders gemacht.«

War das denn zu fassen? Er hatte keine Ahnung von der

Thematik und dann diese Reaktion? Ich musste also weiter auf ein Wunder hoffen.

Mein Durchsetzen des höheren Prozentsatzes war schon wichtig, denn ich schrieb anschließend weitere Bücher im Gabler Verlag. Für die galt der einmal genehmigte Anteil dann ebenso. Die Gestaltung, das Layout des Buches bzw. einer Buchserie übernahm der Verlag. Wenn eine Buchreihe über mehrere Auflagen und Jahre lief, veränderte man auch einmal das Design, um es der Zielgruppe wieder mehr anzupassen.

Als erneut eine Ausgabe meines Buches auf den Markt kommen sollte, erfuhr ich im Gespräch mit der zuständigen Redakteurin Dorothea, dass man plante, den größten Teil des Umschlages in einem dunklen Grau herauszubringen. Dahinter stand wohl nicht nur eine Geschmacksfrage, sondern auch der Preis. Die Kalkulation ist für ein Verlagsunternehmen ein sehr entscheidender Punkt. Wenn ein Buch für Auszubildende zu teuer auf den Markt kommt, wird es von der Zielgruppe nicht gekauft und man greift zu Exemplaren der Konkurrenz. Das wollten sowohl der Verlag als auch ich als Autor vermeiden. Insofern sah ich die Gabler'schen Argumente ein. Der Block in uni Grau wäre auf jeden Fall preisgünstiger gekommen, weil man auf zusätzliche Farben hätte verzichten können. Eine junge Zielgruppe und uni Grau – das ließ sich aus meiner Sicht nicht vereinbaren, obwohl ich wenig fachliche Ahnung von Design und Layout hatte. Da es auch immerhin um den Absatz meines Buches ging, also um meinen Verdienst, musste ich unbedingt bei dem zuständigen Verlagsmitarbeiter vorstellig werden.

»Jeden Tag habe ich mit den Auszubildenden, also der angesprochenen Zielgruppe, in der Schule zu tun. Und wenn ich mir die jungen Menschen ansehe, wie farbenfreudig sie sich kleiden, kann ich mir nicht vorstellen, dass von ihnen jemand in der Buchhandlung ins Regal greift und ein Buch herausnimmt mit einem vorwiegend grauen Einband.«

Es brauchte eine geraume Weile, einige Telefonate des Verlagsmitarbeiters und eines praktikablen Kompromisses, bis mein Gesprächspartner meine Argumente akzeptierte und er den farbigen Druck genehmigte. Auch hier galt für mich: Aufgeben geht nicht.

Da sich meine Bücher ja vorwiegend an Auszubildende richten, die eine Prüfung vor sich haben und vieles lernen müssen, die in Stresssituationen geraten können und vielleicht auch manchmal an sich und ihren Leistungen zweifeln oder gar verzweifeln, wollte ich zu Beginn des Buches ein Mut machendes Zitat setzen. So hörte ich eines Tages ganz zufällig im Radio den Song von Milva »Kennst du das auch?«, der mich sofort ansprach. Den Text hatte kein geringerer als Thomas Woitkewitsch geschrieben, der ein sehr erfolgreicher Fernsehproduzent und Liedtextschreiber ist. Nun wollte ich nicht ungefragt seinen

Text in meine Veröffentlichung übernehmen und schrieb ihm deshalb einen Brief. Thomas Woitkewitsch antwortete mir sehr nett, dass er sich über die Anfrage freue und dass er mir gerne erlaube, seinen Text weiterzuverwenden. Außerdem legte er seinem Päckchen eine CD von Milva bei. So wurde einigen meiner Publikationen dieser Liedauszug vorangestellt:

Kennst du das auch? (It's five o'clock)
Kennst du das auch, das Gefühl:
Nein, ich kann nicht mehr.
Du hast versucht, was nur geht,
doch es war zu schwer.
Du bist verzweifelt, am Ende mit deiner Kraft.
Du gibst schon auf,
und dann hast du es doch noch geschafft.

(*Text: Thomas Woitkewitsch, Interpretin: Milva*)

Meine Bücher im Gabler Verlag liefen auch deshalb recht gut, weil der Verlag gezielte Werbung in seiner Ausbildungszeitschrift schalten konnte. Das machte er für seine Ausbildungsbücher generell. Damit erreichte er direkt seine Zielgruppe. Irgendwann verkaufte der Gabler Verlag diese Zeitschrift an den Kiehl Verlag in Ludwigshafen wegen struktureller Veränderungen im Verlagshaus.

So kam mein Kontakt zum Kiehl Verlag zustande. Der neue Herausgeber war interessiert daran, mich als Autor zu behalten und so konnte ich weiterhin meine Beiträge zu Wirtschafts- und Rechtsfragen veröffentlichen. Wenn ich Vorschläge zu weiteren Themen oder zum Auftritt der Zeitschrift hatte, so fand ich auch hier Gehör. Schließlich hatte ich täglich in der Schule direkt Kontakt mit der Zielgruppe und konnte so wahrnehmen, welche Themen angebracht waren und welcher Bedarf bei den Auszubildenden bestand.

Irgendwann bekam ich dann vom Kiehl Verlag ebenfalls eine Einladung, zu einem Gespräch nach Ludwigshafen zu kommen. Ganz anders als vor ein paar Jahren beim Anruf des Gabler Verlags fuhr ich diesmal nicht verunsichert oder an mir zweifelnd zu diesem Treffen mit dem zuständigen Redakteur. Ich war guten Mutes und das war wiederum gut so, denn der Verlag unterbreitete mir ein verlockendes Angebot. Ein Autor, der lange bei Kiehl schrieb, und zwar ähnliche Prüfungsbücher wie ich bei Gabler, plante, mit dem Schreiben aufzuhören. Und nun fragte man mich, ob ich als Co-Autor dort einsteigen wolle. Wie gesagt, ein verlockendes Angebot. Das musste ich einfach annehmen. So erschien vier Jahre nach dem ersten Buch bei Gabler nun mein erstes bei Kiehl »Die Prüfung des Kaufmanns im Groß- und Außenhandel«. Aber schon drei Jahre später, bei der nächsten Neuauflage, war ich nicht mehr der Co-Schreiber, sondern war der alleinige Autor dieses Werkes, das über zwanzig Jahre auf dem Markt war.

Im Gegensatz zu meinem Erstlingswerk zu Beginn der achtziger Jahre fiel mir das Schreiben der Bücher nun viel leichter. Auf einiges konnte ich immer wieder zurückgreifen. Meinen Hauptberuf und meine Autorentätigkeit schaffte ich besser zu koordinieren und zu managen. In den Nächten dominierte wieder der Erholungsschlaf. Dennoch gab es in den Wochen der Buchfertigstellung manche Nachtschicht für mich. Dass das auch mein Privatleben negativ beeinflusste und bei manchem Freund auf Unverständnis traf, kann ich nicht verhehlen. Aber ich konnte und wollte nicht auf die Schreiberei verzichten. Sie war zu einer Leidenschaft herangereift.

Wenn eine Neuauflage oder ein ganz neues Buch auf den Markt kam, hatte ich mit dem Verlag ausgehandelt, dass ich eine bestimmte Anzahl von Autorenexemplaren erhielt, die ich gezielt an Kollegen weitergeben durfte.

So mancher Kollege kam allerdings mit meinen andauernden Bucherfolgen nicht ganz klar und so hörte ich ab und an den leicht abweisend intonierten Satz: »Hast du wieder ein neues Buch geschrieben?«

Drei Sätze weiter kam aber dann die Frage: »Kannst du mir eins überlassen?«

Natürlich legte ich dem Kollegen ein Exemplar in sein Fach im Lehrerzimmer.

Nach ein paar Tagen kam er auf mich zu und meinte ungefragt in süffisantem Ton: »Das kann man ja im Unterricht gar nicht verwenden!«

Ich glaube, ich an seiner Stelle hätte dann lieber nichts gesagt.

Aber die meisten waren dankbar für ein solches Geschenk. Meine Freundin Andrea in Berlin, die ich damals in der U-Bahn kennenlernte, die ebenfalls in einer Berufsbildenden Schule in der Hauptstadt unterrichtete, freute sich immer über eine neue Veröffentlichung. Dadurch verspürte sie eine Erleichterung bei ihren Unterrichtsvorbereitungen, weil sie auf die Aufgaben und Informationen im Buch zurückgreifen konnte, und sie machte mein Werk wiederum in ihrem Berliner Umfeld bekannt. Das beste Buch wird nur verkauft, wenn es einer breiten Öffentlichkeit bekannt ist.

Der Kiehl Verlag schaltete zwar Werbung in seiner Ausbildungszeitschrift, aber nicht jeder Auszubildende hatte diese auch abonniert. Also überlegte ich mir, wie ich selbst werbemäßig tätig werden konnte. Da fiel mir doch wieder ein, dass ich damals, als ich meinen Volkshochschulkurs publik machen wollte, die Anwaltsfächer im Gerichtsgebäude mit einem

Werbeflyer bestückte. So könnte ich auch dieses Mal vorgehen. Sowohl mit dem Gabler als auch mit dem Kiehl Verlag führte ich diesbezüglich ein Gespräch und schlug vor, dass die Verlage mir tausend Flyer zu meinen Büchern entwerfen und drucken. Da die Redaktionen selbstverständlich nichts gegen eine zusätzliche Werbung meinerseits einzuwenden hatten, sie verdienten schließlich ebenfalls daran, erhielt ich die gewünschten Blätter.

Mit auffälligem Werbematerial ausreichend bestückt unternahm ich in den Wochen danach des Öfteren einen Ausflug, beispielsweise in mein geliebtes Frankfurt oder nach Aschaffenburg. Mein erster Weg in der besuchten Stadt führte mich dann nicht in ein Museum, sondern zum Amts- oder Landgericht. Dort suchte ich die Gerichtsfächer auf und verteilte mein Material. Erst nach getaner Arbeit widmete ich mich der Kultur oder dem Flair dieser Stadt. Man muss eben Prioritäten setzen.

Wenn man Bücher für Auszubildende schreibt, kommt es vor, dass in einem anderen Fachverlag ein Buch zur gleichen Thematik aufgelegt wird. Auf die beiden Verlage Gabler und Kiehl traf dies zu. Beide hatten ein Buch zur Prüfung der Rechtsanwalts- und Notarfachangestellten in ihrem Angebot. Das eine bei Gabler war von mir, das andere bei Kiehl hatte ein Autorenteam verfasst. Für mich war es interessant zu erfahren, was meine Konkurrenz geschrieben und zu bieten hatte, mit welchen Aufgaben und Fällen dort die Leser inspiriert wurden. Also bestellte ich mir das Konkurrenzprodukt im Kiehl Verlag.

Es war Fastnacht, als mir das Buch geliefert wurde. Ich nahm es aus dem Briefkasten, hatte aber tagsüber keine Zeit hineinzuschauen und deponierte es auf dem Nachttisch. Abends kam ich von einer Fastnachtsveranstaltung und griff zu meiner

Werbeflyer des Gabler Verlags

neuen Bettlektüre. Normalerweise ist eine solche zum raschen Einschlafen gedacht. In diesem Falle aber bewirkte sie das glatte Gegenteil. Ich saß senkrecht im Bett und war geschockt. Beim Blättern durch das Buch glaubte ich eine Fata morgana zu erleben. Wessen Buch war das denn? Ganze Blöcke von Aufgaben und Fällen, die ich selbst konzipiert hatte, las ich plötzlich bei der Konkurrenz. Das Autorenteam hatte kräftig aus meinem Buch abgeschrieben. Auf der einen Seite schmeichelte mir das natürlich, waren doch andere scheinbar von meiner Erarbeitung eines Themas überzeugt. Andererseits musste ich gegen das Plagiat vorgehen. In dieser Nacht war an Schlaf nicht mehr viel zu denken. Nach den Fastnachtstagen nahm ich sofort Kontakt zum Gabler Verlag auf, denn das war nun Verlagssache. Der Autor hatte dabei wenig Einfluss. Gabler und Kiehl einigten sich außergerichtlich darauf, dass das Kiehl-Buch so nicht mehr weiterverkauft werden durfte. Es wurde eingestampft und ich erhielt einen kleinen Geldbetrag als eine Art Schmerzensgeld.

Es gibt nicht nur Gabler und Kiehl

Neben dem Schreiben für die beiden Verlage, was für mich sehr wichtig geworden war und was ich mit Leidenschaft betrieb, und meinem Hauptberuf in der Schule stand natürlich auch die Pflege des Freundeskreises auf meiner Agenda. Meine Frau und ich hatten einige Freunde zu einer Party zu uns nach Hause eingeladen und mussten nun die Vorbereitungen treffen. Das Einkaufen hatte ich übernommen. Eigentlich hätte ich es in

Mainz fast um die Ecke erledigen können, aber ich nutzte die Gelegenheit zu einem Abstecher in meine Lieblingsstadt Frankfurt. Dort in Bockenheim, in der Leipziger Straße, gefielen mir die kleinen Geschäfte, die Vielfalt an Menschen und die Umtriebigkeit. Einige sehr schöne Jahre hatte ich in dem Stadtteil gelebt und ihn sehr liebgewonnen. Aus diesem Grund zieht es mich immer wieder dorthin, auch wenn sich heute so manches verändert hat. Aber damals genoss ich den Einkaufsbummel in der belebten Geschäftsstraße.

Und plötzlich stand ein früherer Kommilitone vor mir. Wir freuten uns über unser Zusammentreffen, denn wir hatten seit langem keinen Kontakt mehr. Beide waren wir in unsere Arbeit vertieft und ungewollt verschwand der andere aus dem Augenmerk.

»Was machst du denn heute?«, wollte er wissen.

»Ich bin wie geplant Diplom-Handelslehrer geworden und unterrichte in Wiesbaden. Allerdings nicht geplant war, dass ich auch Bücher für Auszubildende schreibe.«

Das interessierte ihn, dazu wollte er mehr Details hören.

»Und was machst du?«, stellte ich ihm die Gegenfrage.

»Ich arbeite im Institut, namens hiba. ›hiba‹ steht für ›heidelberger institut beruf und arbeit‹. Wir bieten Fortbildungen und Beratungen an.«

Das interessierte mich wiederum sehr. An diesem Tag hatten wir beide nicht viel Zeit zum Reden und deshalb verabredeten wir uns für ein anderes Mal, um mehr über die Aktivitäten des anderen zu erfahren. Ich setzte meinen Einkauf fort und schloss den Trip nach Frankfurt mit einem Besuch in einer der legendären Apfelweinkneipen in Sachsenhausen ab.

Auf dem Nachhauseweg ging mir noch einmal das überraschende Gespräch mit meinem ehemaligen Kommilitonen durch den Kopf und ich freute mich auf unser kommendes

Wiedersehen. Dieses zufällige Treffen sollte weiterreichende Folgen für mich haben.

Als wir uns das nächste Mal trafen, erfuhr ich Näheres über das Institut. Das hiba-Team bot und bietet noch heute Unterstützung bei beruflicher und sozialer Integration von Problemgruppen in der Ausbildung und auf dem Arbeitsmarkt an. Es wurden für Interessenten Seminare angeboten und Publikationen.

In unserem Gespräch fragte er mich: »Hättest du Lust, auch für hiba etwas zu schreiben?«

»Lust zu schreiben habe ich eigentlich immer«, ließ ich ihn wissen.

In den Wochen danach erarbeiteten wir ein Konzept. Meine erste Publikation bei hiba hieß »Rechtliches Basiswissen« und beinhaltete genau das, was der Titel verriet, nämlich Rechtsgrundlagen, die man als Auszubildender oder Arbeitnehmer kennen sollte. Die Veröffentlichung lief gut und so konnte ich ein paar Jahre später das »Rechtliche Basiswissen« neu verfassen und ausbauen. Der neue Titel lautete nun »Maria hat Recht«.

Hier ein paar Gedanken aus dem Vorwort:

»Wohl jeder kennt das Sprichwort ›Der Klügere gibt nach‹. Der deutsche Aphoristiker Gerhard Uhlenbruck wandelt diese vermeintliche Wahrheit mit folgenden Worten ab: ›Der Klügere gibt nur vor, nachzugeben.‹

Natürlich gibt es Situationen im Leben, in denen es zuerst besser ist, zunächst nachzugeben. Aber auf sein gutes Recht zu verzichten, kann nicht die Lösung sein. Rechtskenntnisse werden im täglichen Leben deshalb zunehmend wichtiger.

Im vorliegenden Buch werden eine Vielzahl von bedeutsamen Begriffen aus der Rechtslehre in die fiktive Geschichte der Maria Breit eingebettet. Maria wird in Zeitabschnitten ihres Lebens, beginnend mit dem Zeitpunkt der Geburt »beobachtet« – immer unter dem Gesichtspunkt des geltenden aktuellen Rechts. So wie jeder Mensch einzelne Lebensabschnitte erlebt, wird die Geschichte der Maria in Lebensbereiche gegliedert.

Zunächst erfährt Maria, dass sie mit zunehmendem Alter … immer mehr rechtliche Kompetenz erwirbt. In vielen Fällen wird auf Paragrafen in einzelnen Rechtsgrundlagen, auf Kommentare zu verschiedenen Gesetzen und auf diverse Stellen in der angegebenen Fachliteratur verwiesen.«

Das Buch hatte ich meiner lieben Mutter gewidmet und deshalb auch ihren Mädchennamen meiner Protagonistin gegeben. Mit dem Verkauf durch hiba konnte ich sehr zufrieden sein, gerechnet hatte ich damit eigentlich nicht. Allerdings hatte sich das Institut vor einigen Jahren umstrukturiert, sodass mein Buch dort nicht mehr angeboten werden konnte. Ich hatte aber die Möglichkeit, die Rechte an »meiner Maria« zu erlangen und nun wartet »sie« in der Schublade nur noch auf eine gründliche Neuaufarbeitung, sodass »Maria hat Recht« sicherlich unter einem neuen Titel wieder auf den Buchmarkt kommt.

93

Während der Zusammenarbeit mit dem »heidelberger institut beruf und arbeit« fragte man mich, ob ich auch Interesse habe, ein mehrtägiges Seminar anzubieten. Bei solch reizvollen Angeboten war ich eigentlich schnell dabei, »Ja« zu sagen. Hier musste ich nun zuerst einmal ein bis zwei Nächte darüber schlafen. Bücher schreiben, das konnte ich schon, das hatte ich mir bereits mehrfach bewiesen. Aber ein viertägiges Seminar für erwachsene Arbeitnehmer schien mir ein anderes Kaliber zu sein. Allerdings unterrichtete ich auch an unserer Schule im Bereich der Erwachsenenbildung, also Menschen, die abends nach ihrem Job die Schulbank drückten, um einen weiteren Abschluss zu erlangen.

Wenn ich meine Erfahrungen aus dem Unterricht und dem Bücherschreiben betrachtete, musste doch auch das Seminar möglich sein. War nur noch die Zeit zu klären. Da ich als Lehrer terminlich wenig Spielraum hatte, konnte ich das Angebot nur annehmen, wenn die Veranstaltung in meinen Sommerferien lag, was für das Institut ein eher ungewöhnlicher Zeitraum war. Hier kam mir aber hiba gerne entgegen. Auch meine Frau war mit den verkürzten Sommerferien einverstanden. So gab es nichts mehr, was einer Zustimmung entgegen gestanden hätte.

Nach der Vertragsunterzeichnung ging es an die Konzeptentwicklung. Die Zielgruppe für ein solches Seminar waren Arbeitnehmer, die vorwiegend im sozialen Bereich arbeiteten und die Interesse an rechtlichem Wissen hatten. Wie sich später herausstellte, waren unter den Teilnehmern auch einige, die sich in Gefängnissen mit Strafgefangenen beschäftigten. Von ihren Erfahrungen zu hören, fand ich wiederum äußerst bereichernd, denn auf diesem Gebiet hatte ich keinerlei Ahnung.

Zu den Seminaren begleitete mich eine Diplom-Pädagogin aus dem hiba-Team. Sie übernahm erstens das Organisatorische und zweitens konnte sie schnell und kompetent Konflikte, die manchmal in einer Gruppe auftraten, erkennen und diese versuchen zu lösen. So konnte ich mich auf meine rechtlichen Inhalte konzentrieren, die ich mir vorgenommen hatte, mit den Kursteilnehmern zu besprechen. Ähnlich wie in meinem Schulunterricht bemühte ich mich auch hier, ansprechende Rechtsfälle allgemeinverständlich mit der Gruppe zu analysieren. Mit diesem Seminarkonzept waren wir sehr erfolgreich. Am Ende der Veranstaltungswoche wurden die Teilnehmer aufgefordert, die hiba-Referenten zu beurteilen, so wie ich das aus meinem Schulunterricht am Jahresende kannte. Bis auf einmal konnten wir stets mit Bestnoten zurückkommen, was uns natürlich wieder für das nächste Seminar motivierte.

Zwischenzeitlich hatten wir noch eine Änderung eingebaut. Wir konnten einen humorvollen Verwaltungsrichter gewinnen, der sich im Ausländer- und Asylrecht sowie mit Fragen der Integration bestens auskannte und der aus der Praxis berichtete, was für uns alle unglaublich interessant und bereichernd war. Er hatte gerade ein neues Buch herausgebracht, aus dem er uns passende Passagen in seiner launigen Art präsentieren konnte. Einige Jahre verbrachte ich also so eine Woche meiner Sommerferien. Mir fehlte zwar diese Zeit, um Kräfte für das neue Schuljahr zu tanken, aber für mich bedeuteten diese Seminare eine große Bereicherung. So traf ich Menschen aus ganz anderen Berufsgruppen, die Spannendes zu berichten hatten, was meinen eigenen Horizont wiederum erweiterte. Außerdem erweiterte ich meine Kenntnisse in der Moderationstechnik, denn nicht nur auf die Inhalte kam es an, sondern auch darauf, wie selbige an die Frau oder an den Mann gebracht wurden. Am meisten begeisterte mich aber unser Richter, den ich heute noch gerne treffe.

Als wir abends nach getaner Arbeit in Gruppen beim Bier zusammen saßen, fragte ich ihn einmal: »Du hast ja sehr viele Fälle im Ausländerrecht zu bearbeiten. Aber welches Recht findest du am reizvollsten?«

Seine Antwort verdutzte mich: »Friedhofsrecht.«

Davon hatte ich noch nichts gehört, was aber nicht so bleiben sollte, denn nun war ich neugierig geworden und stöberte in den entsprechenden Rechtsgrundlagen. So erfuhr ich des Weiteren, dass jede Stadt oder Gemeinde ihre eigene Friedhofsordnung hat, in der die Regeln der Bestattung und der Grabgestaltung festgeschrieben sind. Und manchmal, wenn ich andere Städte besuchte, besorgte ich mir in der Stadtverwaltung diese Friedhofsordnung. Im Übrigen liebe ich es, über Friedhöfe zu spazieren und mir die Inschriften auf den Grabsteinen anzuschauen.

Vor allem im Ausland gehört ein Friedhofsbesuch zu meinen Wunschzielen dazu. Ein großer, bisher unerfüllter Wunsch steht ganz oben auf meiner Agenda: In Paris der größte Friedhof »Père Lachaise«, der interessanterweise nach dem Prinzip des Mainzer Hauptfriedhofs gestaltet wurde. In Paris ruhen etliche berühmte Menschen, deren Gräber ich gerne noch besuchen möchte.

Vereinsmitgliedschaften

Meine Schreiberei bereitete mir sehr viel Freude, konnte ich mich doch zum einen kreativ betätigen, zum anderen aber auch mein Hauptanliegen weiterverfolgen, nämlich Menschen Sachverhalte verständlich zu vermitteln. Allerdings stellte ich für mich einen weiteren, positiven Aspekt fest. Durch das Veröffentlichen von Publikationen öffneten sich ganz neue Türen. Seit meiner Studentenzeit in Frankfurt war ich schon Mitglied der Frankfurter Wirtschaftswissenschaftlichen Gesellschaft e. V. (FWWG) und hatte somit die Gelegenheit, äußerst interessante und beruflich erfolgreiche Leute kennenzulernen. Auch einen Vortrag durfte ich dort halten auf Bitten des ersten Vorsitzenden. An eine besondere Mitgliederversammlung denke ich noch gerne zurück. Die fand nämlich in den Räumen des Zweiten Deutschen Fernsehens (ZDF) in Mainz statt, und zwar nach einer Führung durch das Sendezentrum. Da ich zu dieser Zeit auch schon in Mainz wohnte, wollte ich bei dieser erkenntnisreichen Besichtigung gerne dabei sein. Und Erkenntnisse sowie Einblicke in das System zur Vorbereitung einer Sendung erhielten wir zahlreiche. Unter anderen hielt auch der damalige stellvertretende Chefredakteur des ZDF und Terrorismusexperte Elmar Theveßen einen bemerkenswerten Vortrag. An diese aufschlussreiche Veranstaltung schloss sich unsere Mitgliederversammlung an und daran im Anschluss verwöhnte uns das ZDF mit Mainzer Köstlichkeiten, unter anderem mit Mainzer Fleischwurst.

Einen Tag später rief mich die Chefredakteurin der FWWG-Zeitschrift »rer.pol.« an und wollte wissen, ob ich mich imstande sähe, ein Protokoll über diese Mitgliederversammlung zu schreiben. Ein Protokoll einer Veranstaltung zu verfassen, kenne ich zwar aus der Schule, denn jede Konferenz oder Dienstbesprechung wird protokollarisch festgehalten, aber der Protokollant wird vorher festgelegt und sollte sich während einer Sitzung entsprechende Notizen machen. Das war hier ja nicht der Fall und aus diesem Grund musste ich ihr eine Absage erteilen.

Sie ließ aber nicht locker: »Nein, ich meine nicht das offizielle Protokoll der Mitgliederversammlung. Das übernimmt unser Schriftführer. Ich hätte nur gern einen Artikel über die Führung beim ZDF.«

»Das hört sich schon anders an. Kann ich denn schreiben, wie ich das möchte?«, lenkte ich ein.

»Ja, das kannst du. Du bist völlig frei von protokollarischen Vorgaben«, erläuterte sie.

Einen solchen Beitrag für die »rer.pol.« konnte ich ihr zusagen. Ich überlegte mir den Artikel stilistisch anders zu formulieren, viel lockerer, als meine übrigen Bücher und Sachtexte. So fiel denn schon einmal die Überschrift recht unkonventionell aus: »Meenzer Fleeschworscht oder saarländischer Lioner«. In einem sehr aufgelockerten Ton erzählte ich über die Veranstaltung beim ZDF.

Der folgende Auszug stellt den Zusammenhang zum Titel her: »Nach dem Klatschen war Schluss, aber noch kein Ende. Das ZDF hatte nämlich noch zu Mainzer Köstlichkeiten eingeladen, wie Kartoffelsuppe, Fleischwurst usw. Ich nahm mir das Recht als Exilsaarländer, dem früher auch an der Universität in Saarbrigge als Mathe-Prof tätigen Prof. R. die provokante Frage zu stellen, ob man begründen kann, ob Meenzer Fleeschworscht besser schmeckt, als der möglicherweise besser mundende Lioner aus dem Saarland.«

Der Beitrag wurde anschließend in der Zeitschrift »rer.pol.«

veröffentlicht sowie im ZDF ans Schwarze Brett gehängt und fand einen unheimlich großen Anklang, wie mir von vielen Seiten zugetragen wurde, wohl wegen des ungezwungenen Schreibstils, der zum Schmunzeln anregte und der in dieser Zeitschrift eher selten vertreten war.

Zeitschrift der Frankfurter Wirtschaftswissenschaftlichen Gesellschaft e.V. **1.2011**

Durch das Publizieren meiner Bücher hatte ich die Eingangsvoraussetzungen erreicht, mich in einem Presseclub anmelden zu können. Sowohl im Mainzer als auch im Wiesbadener Presseclub bin ich seit vielen Jahren Mitglied. Meine Kollegen dort gehören im Allgemeinen der schreibenden, bzw. der Medien schaffenden Zunft an. Lehrer, wie ich es einer bin, sind in diesen Vereinen nur vertreten, wenn sie zusätzlich Publikationen veröffentlichen.

Durch meine Mitgliedschaften bekam ich die Möglichkeit, hochkarätige gesellschaftspolitische Vorträge zu hören, die meinen Horizont erweiterten und mir neue Aspekte, auch solche zum Schreiben, eröffneten. An der einen oder anderen Studienfahrt nahm ich auch teil, sofern sie in der unterrichtsfreien Zeit stattfanden. Da, wie erwähnt, keine weiteren unterrichtenden Lehrkräfte zu den Mitgliedern zählten, nahm der Club natürlich auf meine Ferienplanung wenig Rücksicht.

Für mich realisierbare Termine ergaben sich bei einer Fahrt nach Brüssel mit einem beeindruckenden Besuch des Nato-Hauptquartiers oder einer Reise nach Istanbul. In der türkischen Großstadt konnten wir mit dem Leiter einer großen türkischen Zeitung ein Gespräch führen. Für uns alle war die Einsicht erschreckend und erschütternd, dass bereits zum damaligen Zeitpunkt, der etliche Jahre zurückliegt, eine beträchtliche Zahl türkischer Journalisten im Gefängnis saß, und zwar nur wegen der Ausübung ihres Berufes.

Insbesondere diese beiden Studienreisen waren für mich sehr erkenntnisbringend und unvergesslich.

Ein Schritt auf der Karriereleiter

Nicht nur das Schreiben und Veröffentlichen meiner Bücher gehörte zu meinem Lebensinhalt, sondern auch meinen Beruf als Lehrer sowie später als Studiendirektor erfüllte ich weiterhin mit Leidenschaft. Dazu zählten zum einen der Unterricht sowie der Umgang mit den jungen Menschen, zum anderen das Arbeiten mit den Kollegen. Inzwischen hatte unsere Schule eine veränderte Schulleitung. Die stellvertretende Schulleiterin, die mich seinerzeit aus dem Unterricht rufen ließ, um mir mitzuteilen, dass das Schreiben für einen Verlag müßig und aufwändig ist und zusätzlich noch gering bezahlt wird, war nicht mehr an unserer Schule. Die Stelle wurde durch eine äußerst nette, couragierte, kompetente Frau besetzt.

Diese stellvertretende Schulleiterin hatte mich stets in meiner Arbeit unterstützt. Sie war es auch, die mich aufforderte, das Angebot des Bildungsministeriums anzunehmen. Dieses suchte Lehrer, die für einige Monate im Ministerium an einem neuen Lehrplan für einen Ausbildungsberuf mitarbeiteten. Für einen begrenzten Zeitraum stellte ich mich für diese Aufgabe zur Verfügung. Das hieß für einen Tag in der Woche den Arbeitsplatz von der Schule ins Ministerium zu verlegen. Die Arbeit dort war natürlich eine ganz andere. Ich hatte meinen Schreibtisch in einem kleinen Büroraum ganz hinten auf dem langen Flur. Bald schon stellte ich fest, dass mein dortiges Aufgabengebiet zwar ebenfalls aufschlussreich und erkenntnisbringend war, dass aber diese Art der Arbeit, nämlich eine Büroarbeit, nicht die richtige für mich war. So wurde ich um eine Erfahrung reicher, freute mich aber sehr, als mein Auftrag im Ministerium erfüllt war.

Wenn man als Diplom-Handelslehrer eine Planstelle in der Schule erhält, beginnt man in der Stellung eines Studienrates. Im Laufe des Lehrerlebens sind die meisten Kollegen bemüht, einen oder sogar mehrere Schritte auf der Karriereleiter zu gehen. Die nächste Stufe ist der Oberstudienrat. Von dieser Stelle gibt es an jeder Schule zahlreiche und manchmal können mehrere gleichzeitig besetzt werden. Im Allgemeinen gelten als Voraussetzung großes schulisches Engagement und eine mehrjährige Schulpraxis.

Bei einem Mittagessen in der Kantine des nahegelegenen Statistischen Bundesamtes traf ich einen Kollegen meiner Schule. Wir unterhielten uns angeregt, nicht zuletzt über die anstehenden Besetzungen der O-Stellen, wie bei uns Lehrern die Stelle des Oberstudienrats hieß.

Zwischen Suppe und Hauptspeise empörte sich mein

Kollege: »Stell dir mal vor, was ich heute mitbekommen habe. Unsere Kollegin hat den Schulleiter aufgesucht, um ihm mitzuteilen, dass sie nun wohl an der Reihe sei, eine O-Stelle zu bekommen. Schließlich habe sie drei Kinder großgezogen und deshalb stehe ihr allmählich eine Beförderung zu. So eine Begründung habe ich auch noch nicht gehört.«

Da konnte ich meinem Kollegen in seiner Empörung nur beipflichten. Für die Nachspeise war mir der Appetit vergangen. In mir stieg nun auch langsam die Wut an. Täglich strengte ich mich an, meine Arbeit bestens zu machen und alles mir Mögliche zu tun, um dazu beizutragen, die Schule voranzubringen. Dafür die Erziehung der eigenen Kinder ins Feld zu führen, wäre mir nicht im Traum eingefallen. So suchte auch ich den damaligen Schulleiter auf und erklärte ihm eindringlich und auch etwas lauter, als es sonst meine Art war, meine Sicht der Dinge. Meine Darstellung musste ihn überzeugt haben, denn ich wurde ebenfalls mit einer O-Stelle bedacht.

Die Beförderung führte bei mir nicht dazu, in meinem schulischen Engagement nachzulassen. Ich sah sie als Bestätigung für mein bisheriges Schaffen, gleichzeitig spornte sie mich an.

Als an der Schulze-Delitzsch-Schule eine Abteilungsleiterstelle vakant wurde, überlegte ich mir, ob ich mich darauf bewerben sollte. Das wäre der nächste Schritt auf der Karriereleiter. Ein Abteilungsleiter hat die Stellung eines Studiendirektors und gehört der Schulleitung an, die je nach Größe der Bildungseinrichtung ungefähr sieben Mitglieder hat.

Die stellvertretende Schulleiterin stupste mich immer wieder an: »Mensch, Werner, bewirb dich!«

Auch von anderen Kollegen hörte ich ermunternde Worte: »Du MUSST dich unbedingt auf die Abteilungsleiterstelle bewerben.«

Bis die Stelle dann im »Amtsblatt« ausgeschrieben wurde, war ich innerlich mit mir soweit im Reinen, dass ich meine Bewerbung abschickte. Ob sie Chancen auf Erfolg hatte, war äußerst unklar, denn es bewarben sich mehrere Kollegen meiner Schule. Außerdem hatten auch Kandidaten aus anderen Schulen die Möglichkeit, sich auf diese Stelle zu bewerben. Aber nun war ich einmal in diesem Bewerbungsverfahren und wollte es auch bis zum Ende durchlaufen, egal wie es ausging. Bei einem negativen Bescheid hätte ich wahrscheinlich auf die nächste Gelegenheit gewartet und es dann noch einmal probiert.

Zu dem Verfahren gehörte, dass der Kandidat sich den Unterricht eines Kollegen ansah und ihn anschließend analysierte und beurteilte. Die Schulleitung bat einen Kollegen, sich für diese Aufgabe zur Verfügung zu stellen. Die Unterrichtssituation ist in einem solchen Falle eine ganz spezielle, denn diese Schulstunde verfolgte nicht nur ich, sondern mindestens ein Mitglied der Schulleitung und die Prüfer. Aber alles lief nach Plan. Anschließend besprachen wir, natürlich ohne die Schüler, den gesehenen Unterricht, ob zum Beispiel die gedachten Lernziele erreicht wurden, ob der unterrichtende Kollege die Unterrichtsmethoden genügend abgewechselt hatte oder ob die eingesetzten Arbeitsblätter eine angemessene, übersichtliche Form sowie Qualität aufwiesen. Bei der Besprechung hatte ich ein ganz gutes Gefühl.

Später musste ich mich noch in einem Prüfungsgespräch den Fragen der Schulleitung und den Prüfern des Ministeriums stellen. Hier ging es neben anderem auch um schulrechtliche Fragestellungen. Dieses Gespräch verlief ebenfalls in einer sehr angenehmen Atmosphäre, sodass ich am Ende meines Prüfungstages mit einem positiven Gefühl nach Hause fuhr. Allerdings war meine gute Empfindung kein Indikator dafür, dass meine Bewerbung positiv entschieden würde. Schließlich waren mehrere Kandidaten im Rennen um die eine Stelle. Nun musste ich mich in Geduld üben, bis eine Entscheidung bekannt wurde.

Und die erreichte mich Wochen später. Man hatte sich für mich entschieden. »Wahnsinn!«, dachte ich. »Gleich meine erste Bewerbung führte zum Erfolg.« Ich war wieder ein bisschen stolz auf mich und freute mich auf die neue Aufgabe. Zu Hause wurde auf die Beförderung natürlich angestoßen.

Was sollte sich nun in meinem Schulalltag ändern? Die vorgeschriebene Anzahl meiner Unterrichtsstunden wurde leicht gesenkt, dafür fand aber einmal in der Woche eine zweistündige Dienstbesprechung statt. An dieser nahmen auch der Schulleiter, Stellvertreter/in sowie die Abteilungsleiter/innen teil. Dort besprach man alle wichtigen schulischen Belange. Ansonsten war ich für eine Abteilung zuständig.

Zu ihr gehörten mehrere Ausbildungsberufe, beispielsweise die Rechtsanwalts- und Notarfachangestellten oder Auszubildende, die am Gericht arbeiteten. Außerdem zählte die Fachschule für Wirtschaft dazu, in der Schüler eine Weiterbildung absolvieren konnten. In »meiner« Abteilung musste ich Konferenzen einberufen, diese leiten, war Ansprechpartner für die dazugehörigen Arbeitgeber unserer Auszubildenden und war verantwortlich, dass alles in der Abteilung funktionierte. In mein neues Aufgabengebiet hatte ich mich recht schnell eingearbeitet. Ich bereute überhaupt nicht, diesen Schritt gemacht zu haben, denn die zusätzlichen Aufgabenfelder fand ich hochinteressant und spannend.

Allerdings fuhr ich auch manchmal mit geballter Faust am Lenkrad nach Hause nach Mainz, weil ich mich über etwas geärgert hatte. Das konnte sich auf Kollegen, die vielleicht nicht genügend ihren Verpflichtungen nachkamen oder die aus meiner Sicht seltsame Verhaltensweisen an den Tag legten, beziehen. So erinnere ich mich an einen Abteilungsleiterkollegen, der an einem Mittwoch früher als bei uns üblich im Mantel im Lehrerzimmer stand und seine Sachen zusammenräumte, um bald darauf die Bildungseinrichtung für diesen Tag zu verlassen. Natürlich hatten wir in unserer Funktion auch Termine außer Haus wahrzunehmen, das hieß, dass wir uns problemlos und selbstverständlich manchmal früher verabschiedeten. Keiner hatte dem anderen da etwas vorzuschreiben. Als ich ihm gut gelaunt zwischen zwei Unterrichtsstunden im Lehrerzimmer begegnete, rief ich ihm in einem scherzhaften Ton zu: »Ach, hast du schon frei? Gehst du schon nach Hause?«

Wie seine Reaktion auf diesen Joke ausfiel, weiß ich nicht mehr. Aber ich weiß, dass ich, als ich später zu Hause eintraf, von ihm eine E-Mail erhalten hatte. Sinngemäß schrieb er, dass Redebedarf bestehe und dass er mich am folgenden Tag um eine bestimmte Uhrzeit in seinem Büro erwarte.

»Huch! Was ist das denn?«, fragte ich mich verwundert.

Erstens hatte ich nicht die leiseste Ahnung, was er von mir wollte und zweitens war es schlichtweg unmöglich, in einem solchen Ton miteinander zu kommunizieren. Schließlich war er kein Vorgesetzter. Am nächsten Tag war es mir möglich, allerdings widerstrebend, zur »befohlenen« Uhrzeit bei ihm vorbeizuschauen. Zuerst machte ich ihm aber klar, dass ein solcher Umgangsstil für ein gutes Arbeitsklima wenig förderlich war. Nun rückte er mit der Sprache heraus: »Ich habe mich gestern geärgert, nein, sehr geärgert über deinen Kommentar.«

»Oh legg!«, huschte es mir auf saarländisch durch den Kopf. Ich wusste nicht, ob ich lachen oder heulen sollte. Wie konnte ein erwachsener Mann ein solches Bohei um einen Scherz zwischen Kollegen machen? Eine Antwort darauf erhielt ich allerdings nie. Jedenfalls achtete ich von Stund an darauf, dass ich ihm nicht aus Versehen einmal zu früh »erholsames Wochenende« oder »schöne Ferien« wünschte. Diese unnötig verbrauchten Energien hätten wir beide besser in unsere Schüler investiert.

Einen Grund zum Ärgern gab es hin und wieder auch bei Arbeitgebern, die manchmal Forderungen stellten, die für uns als Schule so nicht erfüllbar waren, oder wenn aus meiner Sicht sinnlose Diskussionen geführt wurden.

Meistens aber ging es mir gut und ich liebte weiterhin meinen Job.

Vor allem freute es mich, wenn ich für meine Kollegen in meiner Abteilung etwas verbessern konnte. So hatte ich eine Idee: Im Lehrerzimmer standen schwarze, gleich aussehende Ordner, aus denen sich die Kollegen allmorgendlich Unterlagen für die Klassen herausnahmen. Der besseren Übersicht wegen wollte ich für meine Abteilung Ordner in Gelb anschaffen. Für diese Idee erhielt ich viel Zuspruch in meinem Team.

»Ja, dann wird dieses Regal viel übersichtlicher«, oder: »Dann können wir morgens, wenn jede Minute zählt, schneller und gezielter danach greifen«, waren einige zustimmende Meinungen meines Kollegenteams.

Da für die Beschaffung von Büromaterial das Sekretariat zuständig ist, erklärte ich der Sekretärin mein Anliegen und bat sie, bei der nächsten Bestellung ein paar farbige Ordner für mich mitzubestellen. Da die Sekretärin nicht eigenmächtig Büromaterial ordern konnte, hatte sie meine Vorstellungen mit dem Schulleiter besprochen.

Nach einigen Tagen kam sie auf mich zu: »Herr Hau, es tut mir leid, aber die farbigen Ordner kann ich Ihnen nicht mitbestellen, sie werden nicht genehmigt, sie sind zu teuer.«

Damit hatte ich nicht gerechnet.

Etwas irritiert fragte ich die Sekretärin: »Was würden denn die neuen Ordner kosten?«

Sie schaute in ihren Unterlagen nach: »16 DM.«

Das konnte doch nicht wahr sein. Wegen dieses vergleichsweise geringen Betrags sollte eine positive Veränderung im Lehrerzimmer nicht möglich sein? Kurzentschlossen zückte ich mein Portemonnaie, legte der verdutzten Sekretärin 16 DM auf den Schreibtisch und bat sie, nun die gewünschten Ordner zu bestellen.

Die Kolleginnen und Kollegen in meiner Abteilung freuten sich sehr über diese kleine Verbesserung, konnte ich damit doch unser aller Arbeit ein wenig erleichtern.

Ich hatte eine weitere Idee zur Arbeitserleichterung: Jedes Jahr zum Schulbeginn mussten alle Klassenlehrkräfte mit ihren Schülern dieselben Dinge besprechen. Welche Regeln galten an der Schule? Wer war Ansprechpartner und wofür? Welche Aktivitäten und Projekte bot die Bildungseinrichtung an? Was stand in der Schulordnung, bzw. in der Hausordnung? Was war zu tun, wenn man krankheitsbedingt nicht zur Schule kommen konnte? Welche beruflichen Abschlüsse konnte man an der Schule erwerben? Dass die Schüler und Studierenden der Schulze-Delitzsch-Schule, kurz SDS, all das wussten, war ganz wichtig. Transparenz bei den Regeln war nötig, damit im Nachhinein niemand behaupten konnte, sie oder er wisse von nichts. Aktivitäten und Projekte sollten schon jedem bekannt sein, damit man als Schüler dort auch mitwirken konnte.

Die Schulleitung stellte alljährlich diverse Informationsblätter zu diesen Themen bereit, damit die Lehrkräfte sie ihrer Klasse diktieren oder in dieser verteilen konnten. Eine solche immer wiederkehrende Aufgabe kostete sehr viel Unterrichtszeit.

Wäre es nicht besser, eine ansprechende Broschüre zu haben, die man den Kollegen, Schülern und Arbeitgebern in die Hand geben könnte? Dort wäre dann alles Wichtige festgehalten, außerdem bestünde die Möglichkeit, während des gesamten Schuljahres das eine oder andere noch einmal nachzuschlagen. Von einer solchen Sammlung war ich überzeugt und verfolgte deshalb diese Idee zielstrebig weiter. Der Vorteil dieses Konzepts war, dass nur manche Texte jährlich aktualisiert werden mussten, wenn sich etwa Ansprechpartner oder Zuständigkeiten änderten. Die meisten Informationen hatten Bestand und konnten für die nächste Ausgabe einfach übernommen werden.

Mit einer genauen Vorstellung im Kopf suchte ich den Schulleiter auf, um auch ihn von dem Vorhaben zu überzeugen. Schließlich kostete die Herstellung des Heftes für mehr als zweitausend Schüler im Jahrgang etwas. Der Schulleiter war von der Idee sehr angetan und sagte seine Unterstützung zu. Am Geld musste das Projekt auch nicht scheitern. Im Gegensatz zu den 16 DM für meine gewünschten farbigen Ordner fürs Lehrerzimmer konnte ich diesmal mit einer Finanzierung rechnen. Auch im Kollegium fand das Vorhaben breite Zustimmung, stellte es doch eine erhebliche Unterrichtsoptimierung zum Schuljahresbeginn dar. Außerdem ließe sich ein solches Heft bestens zur Werbung für unsere Schule verwenden.

Aber zunächst stand ein Berg Arbeit vor mir. Ein Heft mit ungefähr dreißig Seiten ließ sich nicht einfach aus dem Ärmel schütteln. Es fand sich Kollege Herbert, der gerne mitarbeitete und der vor allem besser mit dem Computer umgehen konnte als ich. Nicht nur die Inhalte waren entscheidend, sondern ebenfalls das Layout. Auch eine ansprechende Außenseite und ein klangvoller Name mussten her. Zum Glück gehört zu meinem Freundeskreis ein Designer. Dieser gestaltete uns zu

einem Freundschaftspreis die Titelseite. Der »SDS-Durchblick« war geboren.

Zum nächsten Schuljahresbeginn erhielt jeder Schüler und
jeder Kollege eine Broschüre. Von allen wurde das Heft sehr
positiv bewertet und speziell die Kollegen nahmen es als Erleichterung ihrer Arbeit wahr. Unser Einsatz hatte sich gelohnt!

Mitunter halten Politikerinnen und Politiker bemerkenswerte
Reden.

Man solle sich einbringen, Leistung müsse sich lohnen,
Engagement sei gefragt. Solche Aussagen waren und sind
immer wieder zu hören.

»Nun«, dachte ich mir, »werde ich die zuständige Ministerin
für Bildung beim Wort nehmen und ihr einen Brief schreiben«.
In diesem bezog ich mich auf ihre aufmunternden Worte und
bat allerdings auch um eine tatkräftige ministerielle Unterstützung, denn nur mit guten Worten lässt sich nicht allzu viel
bewegen. Projekte müssen auch finanziert werden.

Man kann als Lehrer, auch nicht als Abteilungsleiter, einen
Brief direkt an das Ministerium schicken, man hat den »Dienst-

weg« einzuhalten. So führte mein Schreiben auch über den Schreibtisch meines Schulleiters. Der Schulleiter war äußerst skeptisch, dass wir eine finanzielle Unterstützung durch das Bildungsministerium erhielten, hatte er doch bereits einige negative Erfahrungen gemacht.

Aber diesmal hatte er sich verschätzt! Einige Wochen später erhielten wir die ministerielle Anerkennung für unseren SDS-Durchblick und obendrauf einen Scheck über ein paar hundert Euro. Diese Bestätigung tat uns gut! Den Geldbetrag investierten wir wiederum in eine Software, damit unser Heft noch professioneller erscheinen konnte.

In unserer wöchentlichen Abteilungsleiterrunde gab es ab und an einen Wechsel. Entweder erreichte jemand die Altersgrenze und wurde pensioniert oder eine Abteilungsleiterin oder ein Abteilungsleiter bewarb sich auf eine Schulleiterstelle an einer anderen Einrichtung und hatte damit auch Erfolg. Die vakante Abteilungsleiterstelle musste nun neu besetzt werden. Dazu wurde sie im »Amtsblatt« ausgeschrieben. Danach durchliefen die Bewerber das übliche Verfahren, so wie das bei mir auch der Fall war. Am Ende des ganzen Durchgangs bekam ein Bewerber den Zuschlag. »Wunderbar!«, dachte man. Die oder der Neue konnte nun in Bälde mit der Arbeit beginnen. Immerhin war etliches liegengeblieben in der Zeit, in der das Bewerbungsverfahren lief.

In einem konkreten Fall stellte sich diese Einschätzung als Trugschluss heraus, denn einer der Mitbewerber war mit der Entscheidung, dass sein Konkurrent die Stelle erhalten sollte und nicht er, gar nicht einverstanden und klagte dagegen vor Gericht. Nun ist auch eine gerichtliche Auseinandersetzung im Rahmen eines Bewerbungsverfahrens nichts Außergewöhnliches und kommt immer wieder vor.

In diesem Fall aber schloss sich ein Gerichtsverfahren an das andere an, denn drei Bewerber klagten nun immer wieder gegeneinander. Als abzusehen war, dass die Neubesetzung der Abteilungsleiterstelle doch noch etwas auf sich warten ließe, mussten wir anderen Abteilungsleiter die Aufgaben der vakanten Stelle unter uns aufteilen. Ganze zehn Jahre zog sich diese Neubesetzung und damit unsere zusätzliche Arbeit hin. Am Ende der langen Klagereihe stellte man dann fest, dass sich die Voraussetzungen für diese Position geändert hatten und schrieb die Stelle neu aus.

Wie bereits erwähnt, gehörte es zu den feststehenden Terminen, dass sich einmal in der Woche die Leiterinnen und Leiter der einzelnen Abteilungen mit dem Schulleiter und dem Stellvertreter in einer Dienstbesprechung zusammensetzten, um Aktuelles zu besprechen. Jeder bereitete sich vor und überlegte, welche Themen er ansprechen wollte und wie dringlich diese waren.

Eine dieser wöchentlichen Dienstbesprechungen werde ich allerdings nie in meinem Leben wieder vergessen können. Meine »Hausaufgaben« hatte ich gemacht und stellte nun meine Überlegungen der Runde vor. Mein Vorschlag zielte darauf ab, etwas anders zu machen, wegzukommen von einer Routine, um eine Entlastung für die Kollegen zu erwirken. Mitten in meinen Ausführungen sprang einer aus unserer Runde auf, richtete seinen Arm mit ausgestrecktem Zeigefinger gegen mich und schrie mich an: »Du bist faul! Du bist faul!« Er setzte noch mit einer weiteren Tirade nach, die aber hörte ich schon gar nicht mehr. Ich war geschockt, mir blieb der Mund offenstehen und, was mir eigentlich selten passierte, ich war unfähig, zu reagieren. Einen solchen Angriff eines Kollegen hatte ich noch nie erlebt. Was ihn zu einem solchen Wutausbruch trieb, erfuhr ich nie. Inhaltlich war der Vorwurf haltlos, denn wenn ich eines nie war, dann war das faul. Jedenfalls reagierten die anderen Teilnehmer der Dienstbesprechung genauso fassungslos und verließen verschreckt den Raum. Draußen auf dem Flur raunten sich zwei von ihnen zu: »Und so einer will Schulleiter werden!«

Unserem Schulleiter war dieser Auftritt seines Kollegen äußerst peinlich. Fürsorglich kümmerte er sich um mich und nahm mich zunächst mit in sein Büro.

»Herr Hau, ich sehe, wie schlecht es Ihnen geht. Ich möchte, dass Sie jetzt in Ruhe nach Hause fahren. Ich gebe Ihnen für heute frei.«

Über dieses Verständnis freute ich mich sehr und nahm seine Empfehlung dankend an, denn einen ordentlichen Unterricht hätte ich an diesem Tag nicht mehr abhalten können. Auch die anderen Zeugen dieses unrühmlichen Auftritts drückten mich und sprachen mir tröstende Worte zu. Der Schulleiter führte natürlich auch mit besagtem Abteilungsleiter ein entsprechendes Gespräch. Vielleicht erklärte er ihm auch noch einmal ein paar Regeln, wie man sich als Führungskraft zu verhalten hatte, bzw. was absolut nicht ging. Außerdem verlangte er, dass der Kollege sich bei mir entschuldigte. Dies geschah ein paar Tage später.

Ich saß in einer Freistunde im Lehrerzimmer mit dem Rücken zur Tür, unterhielt mich mit einem Kollegen und trank dabei meinen Kaffee. Die Tür ging auf und hinter mir vernahm ich ein verhaltenes »Entschuldigung, Werner«.

»Noch nicht einmal zu einer angemessenen Entschuldigung fähig«, dachte ich bei mir.

Freunde wurden wir nie, aber in den kommenden Jahren mussten wir weiterhin zusammenarbeiten, wobei es zum Glück bei diesem einen Verbalangriff blieb. Nur Vertrauen konnte ich zu ihm keines mehr aufbauen.

Im Mittelpunkt stehen die Schüler

Die Liebe zu meinem Beruf gründete nicht auf Negativerlebnissen mit Kollegen, von denen es glücklicherweise wenige gab, sondern hauptsächlich auf dem Bezug zu den Schülerinnen und Schülern und den Umgang mit ihnen.

Bei den jungen Menschen spielten die Emotionen manchmal eine große Rolle. So betrat ich eines Montags eine Klasse, stellte am Pult meine Tasche ab und wollte die Schüler, wie üblich, zum Unterrichtsbeginn begrüßen. Erstaunt schaute ich in lauter verheulte Gesichter.

»Nanu, ist jemand gestorben?«, fragte ich etwas scherzhaft in die Runde.

Eine Schülerin versuchte sich zu fassen, Tränen, die sich mit der Wimperntusche vermengten, kullerten ihr über die Wangen und schluchzend erklärte sie mir: »Stellen Sie sich vor, Herr Hau, der Thorsten aus der Parallelklasse war am Samstag auf einer Party. Irgendwann ist er dann zum Pinkeln an die frische Luft gegangen. Dabei lief er Richtung Bahngleise. Wahrscheinlich war er zu dicht dran, denn es fuhr ein Zug vorbei, der ihn erfasst hat. Er war sofort tot.«

Eine solche Nachricht rief in mir natürlich erst einmal Entsetzen hervor. Ich musste tief durchatmen, gegen das Gefühl angehen, das mir den Hals zuschnürte. Wie darauf reagieren? Auf einen solchen Wochenbeginn war ich nicht vorbereitet. Jetzt musste ich schnell und spontan umschalten. Meine Unterrichtsplanung war somit überholt. Die angedachten Inhalte verschob ich in die nächste Stunde, heute ließ ich die Schüler zuerst einmal ihr Herz ausschütten und suchte nach tröstenden Worten.

Ähnlich unvorbereitet geriet ich in die nächste Situation. Ich stand in einer Klasse und machte mit den Schülern ein Brainstorming zum Thema Bruttoinlandsprodukt. Plötzlich wurde die Tür energisch aufgerissen und eine zierliche Schülerin der Nachbarklasse stürzte herein.

»Herr Hau, bitte kommen Sie ganz schnell rüber. Eine Mitschülerin liegt auf dem Boden und schreit ganz schrecklich.«

Also ließ ich das Bruttoinlandsprodukt das Bruttoinlandsprodukt sein und folgte der Schülerin in den Klassenraum nebenan. Dort lag tatsächlich eine junge Frau auf dem Boden und schrie immer noch fürchterlich, markdurchdringend. Eine äußerliche Verletzung konnte ich auf den ersten Blick nicht erkennen, aber das Schreien ließ mich doch sehr unruhig werden, da sich die Auszubildende auf gutes Zureden überhaupt nicht beruhigen ließ. Ich forderte einen Schüler auf, im Sekretariat einen Notarzt anzufordern. Inzwischen kam auch noch ein Schüler aus einer anderen Klasse, der zum Schulsanitäter ausgebildet war. Wahrscheinlich hatte er diese schrillen Schreie gehört. Ihn kannte ich vom Unterricht. Für mich war es beruhigend, einen halben »Fachmann« neben mir zu haben. Dennoch ließ sich die Schülerin nicht beruhigen und schrie in einem fort. Nach einer gefühlten Ewigkeit kam dann endlich ein Krankenwagen.

Auch die Sanitäter hatten zunächst keinen Erfolg. Sie gaben der jungen Frau schließlich eine Spritze und nach kurzer Zeit wurde das Schreien immer leiser, setzte sich in einem Wimmern fort, bis es ganz verstummte. Die Sanitäter verfrachteten die Schülerin auf ihre mitgebrachte Liege und nahmen sie mit ins Krankenhaus.

Mit zittrigen Beinen setzte ich meinen Unterricht nebenan fort, zumindest versuchte ich es. Die Aufregung steckte sowohl meiner Klasse als auch mir in den Knochen. Den Grund für diesen Anfall erfuhr ich nie, sie war auch keine meiner Schülerinnen, sodass ein engerer Bezug bestanden hätte.

Wesentlich positiver verlief mein Unterricht in Politik vor den Weihnachtsferien. In einem Klassengespräch erörterten wir die damalige Weltlage. Auch zu dieser Zeit gab es viele Menschen, denen es nicht gut ging, sei es durch Kriege, Naturkatastrophen oder politische Entscheidungen. Die Schüler waren sehr aufmerksam und gingen ernsthaft das Thema an.

Eine Schülerin unterbreitete einen Vorschlag: »Was haltet ihr davon, wenn jeder von uns einen Euro spendet und die Klassensprecherin zahlt den Betrag auf ein Spendenkonto ein?«

»Gute Idee«, war der allgemeine Tenor.

Dann meldete sich eine weitere Schülerin, eine im Unterricht zumeist sehr zurückhaltende, ganz zaghaft: »Ich habe noch einen anderen Vorschlag. Herr Hau, wenn Sie einen Kopfstand machen, dann spendet jeder von uns zwei Euro.«

Ein Raunen ging durch den Saal. Nun saß ich gehörig in der Zwickmühle. Ein solches soziales Engagement vonseiten der jungen Leute gefiel mir sehr. Schließlich gehörte zu den Lernzielen nicht nur die Vermittlung von Wissen, beispielsweise der Definition des Bruttoinlandsprodukts, sondern auch das Fördern der Entwicklung zum mündigen Bürger. Und die Klasse schien hier auf einem guten Weg zu sein.

Andererseits sollte ich nun vor der Klasse einen Kopfstand machen. Von meiner Fitness her wäre das machbar für mich gewesen.

Nach einem kurzen Abwägen willigte ich ein: »Okay, ich bin mit Ihrem Deal einverstanden. Sie sammeln jeweils zwei Euro ein. Die Klassensprecherin zahlt das Geld auf ein Spendenkonto und ich stehe Kopf vor Ihnen.«

Jetzt gab es kein Zurück mehr. Ich leerte meine Hosentaschen aus, legte den Inhalt auf das Pult, zog meine Jacke aus und nahm diese auf dem Boden als Polster. Dann machte ich unter allgemeinem Geklatsche meinen versprochenen Kopfstand, der von dem einen oder anderen Schüler mit dem Handy gefilmt wurde.

Aber auch eine unendlich traurige Situation musste ich als Lehrkraft erleben. Zunächst begann alles recht positiv. Die aufgeschlossene, türkische Schülerin S. aus meiner Klasse, die bei einem Rechtsanwalt ihre Ausbildung absolvierte, erzählte mir, dass sie in Kürze heiraten werde. Ihr Zukünftiger war ebenfalls Türke und lebte in einem kleinen türkischen Dorf.

Etwas neugierig geworden fragte ich nach: »Was macht er denn beruflich?«

Ich erfuhr, dass der junge Mann T., Anfang zwanzig, nur wenig Schulbildung genossen hatte. Gerade einmal fünf Jahre besuchte er eine türkische Grundschule, dann half er den Eltern bei der Landwirtschaft. Mit dreizehn »lernte« er dann Kochhelfer bei seinem Onkel.

Meine anfängliche Neugierde wechselte in starke Skepsis und deshalb wollte ich wissen: »Sie haben eine gute Schulbildung, haben Ihren Realschulabschluss und in rund einem Jahr sind Sie ausgebildete Rechtsanwaltsfachangestellte, haben also einen anspruchsvollen Beruf. Sind Sie sicher, dass Ihr Freund der richtige Mann fürs Leben ist?«

Ein leichtes Zögern vernahm ich in ihrer Antwort: »Ja, wir verstehen uns gut. Wir gehören auch beide der alevitischen Glaubensgemeinschaft an.«

Hatte ich da eine Unsicherheit herausgehört?

Ich gab noch nicht auf: »Wenn Sie sich nicht ganz sicher sind, ob das eine gute Entscheidung ist, lassen Sie lieber die Finger davon. Sie sind noch so jung und jetzt wäre eine Trennung noch relativ unproblematisch.«

Mit etwas festerer Stimme antwortete sie: »Ach nein, T. ist schon der Richtige. Außerdem finden das auch unsere Eltern. Die haben alles organisiert, damit wir schnell heiraten.«

»Warum das denn? Sie haben doch noch gar nicht Ihre Ausbildung beendet«, wollte ich noch wissen.

»Damit T. in Deutschland leben kann.«

Ich wünschte ihr alles Gute für ihr neues Leben als verheiratete Frau. Meine starken Zweifel an der Belastbarkeit dieser Beziehung blieben – wie Recht ich haben sollte.

In den Weihnachtsferien fand in der Türkei die Hochzeit statt, vier Tage lang wurde in dem kleinen Dorf gefeiert. Am Ferienende kam S. mit ihrem Mann nach Deutschland zurück und setzte in der Anwaltskanzlei ihre Ausbildung fort. Alsbald erfuhr ich, dass S. von ihrem Arbeitgeber eine Abmahnung erhalten hatte, weil sie in ihrer Arbeit sehr nachließ und Fehler machte. Außerdem fiel auf, dass sie sich öfter krank meldete, insbesondere montags.

Auch ich konnte feststellen, dass ihre Schulnoten absanken.

Aber ein konstruktives Gespräch mit ihr zur Lageverbesserung war zu diesem Zeitpunkt nicht möglich.

Dem Rechtsanwalt war aufgefallen, dass der Mann seine Frau S. immer öfter nach Arbeitsschluss von der Kanzlei abholte. Der Ehemann hatte in einem türkischen Restaurant einen Job gefunden und arbeitete dort als Helfer von nachmittags bis spät in die Nacht. Da er sich offensichtlich nur in konservativer türkischer Gesellschaft bewegte, machte er auch keine Anstalten, die deutsche Sprache zu erlernen.

S. war bei ihrer Arbeit weiterhin äußerst fahrig, sodass sie eine zweite Abmahnung bekam. Im Mai brachte der Ehemann eine Schwangerschaftsbescheinigung im Büro vorbei und im Sommer dieses Jahres bat S. ihren Arbeitgeber um einen Auflösungsvertrag. Nach der Geburt der kleinen Tochter besuchte S. manchmal ihre Kollegen in der Rechtsanwaltskanzlei. Sie konnte auch ihre Prüfung extern nachholen und wollte sogar bei ihrem früheren Arbeitgeber stundenweise arbeiten. Der Rechtsanwalt erkundigte sich nach ihrem Befinden und wie es ihrem Mann ging. Ihr ging es wohl ziemlich schlecht und über ihren Mann wollte sie nicht reden. Es stellte sich später heraus, dass der Ehemann S. schlug, sie bedrohte und viel Alkohol trank. S. erstattete mehrmals Anzeige gegen ihren Mann. Man trennte sich, kam aber nach einer Weile wieder zusammen. Als die Tochter drei Jahre alt war, wollte sich S. endgültig von ihrem Ehemann trennen, da er äußerst gewalttätig war und das Kind die körperlichen Angriffe stets miterleben musste. Das konnte T., der immer schon sehr eifersüchtig war, nicht überwinden. Blind vor Wut nahm er eines Tages von seiner Arbeitsstelle in einem türkischen Restaurant ein langes Fleischermesser mit, brach rabiat die Bürotür zu seiner Frau auf und stach zig-mal brutal auf S. ein. Das Kind musste alles mitansehen.

Ein unendlich trauriger Fall, der mich sehr mitgenommen hat. Ich hatte später die Möglichkeit, an das Gerichtsurteil zu gelangen.

Der Täter wurde wegen Totschlags zu vierzehn Jahren Freiheitsstrafe verurteilt. Es erfolgte keine Verurteilung wegen Mordes, weil nur ein Mordmerkmal, nämlich ein Handeln »aus niederen Beweggründen« erkannt wurde. Bei Mord wäre die Gefängnisstrafe wohl eine längere geworden.

IM NAMEN DES VOLKES

Zum Glück erlebte ich in meinem Lehrerleben nur diesen einen Fall von einer solchen Schwere. Etwas glimpflicher ging es für eine andere Schülerin aus einer meiner Klassen aus. Sie war Muslima, war aber mit einem Freund christlichen Glaubens liiert. Das war für ihre Eltern nicht akzeptabel, sie hatten andere Pläne für ihre Tochter. Da die Kinder den Eltern Respekt zu zollen haben, müssen die elterlichen Entscheidungen angenommen werden. Daran hielt sich aber die selbstbewusste Schülerin B. nicht, sie hatte – mit Recht – eigene Vorstellungen von ihrem Leben. Um ihren Willen durchzusetzen, verfolgten die Eltern ihre Tochter regelrecht, sie bedrohten sie und drohten ihr sogar, sie umzubringen. B. hatte sich auch mir anvertraut und schaltete zum Glück rechtzeitig die Polizei ein. Diese konnte ihr zeitweise Personenschutz geben und ihr anschließend zu einer neuen Identität in einer anderen Stadt verhelfen. Die Eltern standen wegen Mordandrohung vor Gericht.

Als weniger bedrohlich und bedrückend, sondern eher skurril und amüsant empfand ich eine andere Situation.

Eine meiner Schülerinnen kam nach dem Unterricht zu mir: »Herr Hau, haben Sie schon den neuen ›Playboy‹ gelesen?«

Da ich nicht zu den regelmäßigen Lesern dieser Zeitschrift gehörte, fragte ich nach: »Habe ich da etwas versäumt?«

»Ja! Meine Klassenkameradin U. ist dort ganz groß drin«, wurde ich aufgeklärt.

Jetzt war ich doch neugierig geworden, bedankte mich höflich für den Tipp und fuhr auf dem Nachhauseweg am Zeitschriftenladen vorbei, um ein Exemplar zu erwerben. Tatsächlich, wenn man die Extraeinlage aufklappte, räkelte sich dort im Großformat meine Schülerin. Allerdings war sie durch ihre gelungene, professionelle Aufmachung auf dem Foto kaum wiederzuerkennen, im Unterricht wirkte sie dagegen eher blass und farblos. »Wie man sich doch täuschen kann«, dachte ich bei mir.

Am nächsten Morgen in der ersten großen Pause setzte ich mich breitbeinig, provozierend im Lehrerzimmer an den Tisch und blätterte genüsslich im »Playboy«. Wie von mir gewünscht, blieb das natürlich nicht ohne Wirkung. Etliche Kollegen blieben hinter mir stehen und wirkten leicht irritiert.

»Ei, Werner, was liest du denn da?«

Schließlich gehörte diese Zeitschrift nicht zwingend zur üblichen Lektüre in einem Lehrerzimmer.

»Tja, bist wohl neidisch«, stichelte ich. Ein bisschen Provokation musste jetzt sein. Dann klärte ich meine grinsenden Kollegen gern darüber auf, wie ich auf meinen neuen Lesegeschmack gekommen war.

Manchmal kamen unvorhergesehene Unterbrechungen der Schulstunde genau zur rechten Zeit. So auch in dieser Episode: Nach der Pause ging ich in Richtung meines Schulraums, als oben im zweiten Stock auf dem Flur jemand nach mir rief: »Herr Hau, kommen Sie doch bitte mal.«

»Moment, ich komme gleich. Ich bringe nur meine schwere Tasche schon mal in die Klasse.«

Dann kehrte ich wieder wie versprochen auf den Flur zurück, wo eine Schülerin auf mich wartete.

»Herr Hau, gucken Sie schnell mal aus dem Fenster. Sehen Sie das parkende Auto dort?«

Ja, ich sah es deutlich und ich sah darin einen jungen Mann mit heruntergelassener Hose, onanierend. Ein Parkplatz vor einer Schule war dazu wohl nicht der geeignete Ort. Und da war mir klar, jetzt musste ich als Beamter handeln, ging also schnellen Schrittes ins Lehrerzimmer und verständigte telefonisch von dort aus die Polizei. Damit, dachte ich, sei alles erledigt und begab mich pflichtbewusst wieder in meine Klasse. Eigentlich wollte ich mit einem aktuellen Bericht aus dem Handelsblatt über die Sängerin Katie Melua meinen Unterricht beginnen, besann mich aber kurzfristig um, weil bereits wertvolle Unterrichtszeit verstrichen war, wählte einen anderen Einstieg und provozierte meine Klasse: »Ich habe eine neue Freundin. Die sieht toll aus.«

Darauf meldete sich eine Schülerin und fragte: »Herr Hau, können Sie uns sagen, wie alt die ist?«

Mit der Antwort druckste ich etwas herum: »Ich glaube, sie ist sechzehn.«

Daraufhin meldete sich eine andere Schülerin: »Herr Hau, wissen Sie eigentlich, dass das Verführung Minderjähriger ist?«

»Prima! Meine Schüler stellen die richtigen Fragen!«, dachte ich zufrieden bei mir.

Schmunzelnd antwortete ich darauf: »Oh, mit dem Gesetz und der Polizei möchte ich jetzt wirklich nicht in Konflikt kommen, dann mache ich lieber mit dem Unterricht weiter«, und verteilte mein vorbereitetes Arbeitsblatt mit dem Artikel aus dem Handelsblatt. Just in diesem Moment öffnete sich die Tür und eine junge Polizistin trat ein.

»Sind Sie Herr Hau?«

Ich nickte irritiert.

»Dann kommen Sie mal bitte mit raus«, wies sie mich an.

Schrecksekunde in der Klasse! Sollte das mit der jungen Freundin etwa stimmen oder war das in alter Hau'scher Manier nur als Aufhänger für den Unterricht gedacht? Die Zweifel währten nur kurz, denn ich musste lediglich als Zeuge für den Vorfall auf dem Parkplatz meine Aussage zu Protokoll geben.

Ende in Sicht

Alles hat einmal ein Ende. Diese Gewissheit galt auch für meinen Lehrerberuf, denn es nahte allmählich die Altersgrenze. Der Gedanke an meine Pensionierung erschreckte mich nicht im Geringsten, wusste ich doch, dass es mit der Schreiberei auf jeden Fall weiterginge und eine eventuelle Langeweile keine Chance hatte aufzukommen. So konnte ich einigermaßen entspannt meiner Verabschiedung in der Schule entgegensehen – natürlich mit einem lachenden und einem weinenden Auge.

Das lachende Auge freute sich über eine eigene Zeiteinteilung unabhängig vom schulischen Stundenplan oder von der Ferienordnung des Landes Hessen.

Das weinende Auge war traurig über einen weiteren abgeschlossenen Lebensabschnitt, von dem das Leben an sich nicht all zu viele zu bieten hat. Blickte ich auf diesen zurück, konnte ich mit Fug und Recht behaupten: Mein früheres Traumziel, Lehrer zu werden, erfüllte sich in dem wunderbaren Beruf Lehrer.

Meine damals getroffene Entscheidung Wirtschaftspädagogik zu studieren, wo man einerseits ein hohes Maß an Allgemeinwissen vermittelt bekam und andererseits eine Lehrtätigkeit ausüben konnte, die nicht nur aus dem Unterrichten bestand, sondern die mit sehr viel Kontaktpflege und Zwischenmenschlichkeit einherging, diese Kombination war für mich genau das Richtige. Auch den Bildungsgang Sekundarstufe II zu wählen, in dem also ältere Schüler unterrichtet werden, kam meinen Interessen am nächsten. Außerdem war nahezu jede Lehrperson als Mitglied mindestens eines Prüfungsausschusses tätig, beispielsweise bei der Industrie- und Handelskammer oder der Ärzte-, der Handwerks- oder der Rechtsanwaltskammer. Vielfach war man auch ehrenamtliches Mitglied eines Berufsbildungsausschusses. Ich selbst war Lehrervertreter des Ausschusses bei der Rechtsanwaltskammer Frankfurt. Dort befassten wir uns mit Problemen im Rahmen der Berufsausbildung, der beruflichen Fortbildung und der Umschulung. Meinen Lehrberuf empfand ich stets als aus- und erfüllend.

So nahte nun aber der letzte Schultag unausweichlich. Glücklicherweise wurden mit mir weitere Kollegen verabschiedet, sodass wir gemeinsam mit dem Kollegium ein wunderschönes

Abschiedsfest in einem Weingut in Eltville veranstalten konnten. Zahlreiche geistreiche und humoristische Reden wurden gehalten und gelungene Gesangseinlagen dargeboten.

Ein Kollege, ein stets tiefsinniger und exzellenter Redner, hielt eine kleine »Trauerrede« mit dem Titel »Lob der schrägen Vögel«. Einer der beiden gemeinten »schrägen Vögel« war ich. Darin hieß es weiter: »Als schräge Vögel im Besonderen bezeichnet man gemeinhin die so recht gelungenen Inkarnationen des vogelgleichen Geistes, jene Geistesvögelunikate also, die beim Fluge gelegentlich einen anderen Winkel zum Horizont als die Mehrheit einnehmen und so und gerade dadurch helfen, zwischen Himmel und Erde manch ansonsten unentdeckt Gebliebenes zu bemerken, wahrzunehmen und vielleicht zu implementieren. Schräge Vögel sind also provozierende Wesen, sie gehen schneller hoch als andere … und sie halten sich nicht an die gerade geltenden Gefieder- und Schnabelmoden und sind so politisch herrlich unkorrekt. (…) Natürlich haben schräge Vögel auch eine gewisse Neigung zur Bruchlandung. Sanft landen, das kann doch jeder. Nein, nur wer zu Höhenflügen Mut und Kraft hat, kann auch saftig abschmieren. (…) Freunde, denkt ja nicht, ich weine euch eine Träne nach – ich weine euch viele Tränen nach und ich werde wohl nicht der einzige sein. Ich glaube, viele eurer Schüler haben euch geliebt und wenn nicht geliebt, dann geachtet und verehrt, weil ihr als schräge Vögel so erkennbar und echt seid. (…) Ich fürchte, man konnte euch nicht gebrauchen – weil ihr euch nicht habt brauchen lassen, weil ihr auch immer euer Ding gemacht habt.« Diese äußerst metaphorische, amüsante, pointierte Abschiedsrede unseres Kollegen brachte nicht nur die Anwesenden zum Schmunzeln und Nachdenken, sondern brachte es auch genau auf den Punkt. Ja, die Beschreibung auf mich als »schräger Vogel« war zutreffend, einer, der nicht immer stromlinienförmig agierte, der das durchzusetzen versuchte, von dem er überzeugt war und der dadurch überzeugend war.

Mein Schulleiter gab in seiner launigen Rede auch die eine oder andere Anekdote zum Besten: »Bei einem Ausbildertreffen im neuen Justizzentrum in Wiesbaden konnte ich selbst erleben, welche große Wertschätzung Herr Hau bei ehemaligen oder derzeitigen Auszubildenden genießt. Als wir dort den Flur entlanggingen, gab es nicht ein Büro, aus dem nicht ein freundliches »Hallo, Herr Hau« gerufen wurde. Die Krönung war, ich stand nebendran, mir fiel dazu nichts mehr ein, die Damen haben ihr Büro verlassen und fielen ihm um den Hals.«

Verschmitzt und etwas neidisch setzte mein Schulleiter fort: »Ich unterrichte offensichtlich in der falschen Abteilung.« Ernsthafter ging seine Rede weiter: »Es zeigt in jedem Falle die Beliebtheit, die Sie als Mensch und als Lehrer genossen haben. Und es zeigt, dass Sie auch Zeichen für die Zukunft gesetzt haben, die so leicht nicht auszulöschen sind.« Später in seinem Vortrag erwähnte er noch einen Satz, den er einmal im Lehrerzimmer von mir gehört hatte: »Ich kann arbeiten wie ein Tier. Aber ich kann auch feiern wie ein Tier.«

Die Ausführungen meines Schulleiters ließen sich nicht als eine allgemeine Lobhudelei am Ende eines Beschäftigungsverhältnisses verstehen, sondern auch sie bezeichneten recht zutreffend meine Auffassung von meiner Arbeit als Lehrer. Zurückblickend kann ich also sagen: Sowohl mein Abschied von der Schule, als auch die vielen Jahre davor waren eine gute Zeit, die ich sehr gerne in meiner Erinnerung wach halte.

Und das Leben geht weiter

Nun war ich also Pensionär, musste nicht mehr für oder gegen etwas kämpfen, mich nicht für oder gegen eine schulische Neuerung stark machen, in Konferenzen oder Dienstbesprechungen über etwas streiten. Jetzt war ich mein eigener Chef, konnte über meine Zeit (fast) frei verfügen. Nur wenn der Verlag mich kontaktierte und mir mitteilte, dass von einem Buch nicht mehr genügend Exemplare auf Lager waren, musste ich mir Gedanken über die Aktualisierung der anstehenden Neuauflage machen.

Als sich nach einigen Wochen die Möglichkeit ergab, an einer Musikreise in die Vereinigten Staaten teilzunehmen, musste ich nicht lange überlegen. Der Südwestrundfunk bot diese siebentägige Hörerreise an und schickte auch gleich drei Redakteure mit, einer davon war der Musikexperte des SWR 1, Werner Köhler, ein schier lebendes Musiklexikon. Das Thema interessierte mich sehr: Los Angeles – Auf den Spuren der Doors. Die legendäre Rockband The Doors wurde Mitte der neunziger Jahre gegründet, unter anderem von Jim Morrison, der vor vielen Jahren auf dem berühmten Friedhof Père Lachaise in Paris beerdigt wurde und dessen Grab ich unbedingt noch besuchen möchte.

Ein paar Zweifel hatte ich vor der Anmeldung allerdings doch. Für mich war es die erste Reise in die USA und ich kannte niemanden aus der Gruppe. Aber schnell räumte ich die Zweifel beiseite und meldete mich an. Und im Nachhinein betrachtet war das auch gut so, denn erstens kam ich fasziniert und beseelt nach Hause zurück und zweitens war ich inzwischen mit dieser

Gruppe von Musikinteressierten auf mehreren, wunderbaren Fahrten unterwegs.

Jetzt galt es aber zuerst einmal, sich auf meine erste Überquerung des großen Teiches vorzubereiten. Ich fand es sehr aufregend, erstmalig eine Reise nach Amerika anzutreten. Das klang vielleicht etwas komisch, denn große Teile der USA waren mir aus so vielen Fernsehdokumentationen bekannt und die Menschen galten als äußerst gastfreundlich. Allerdings waren die Einreisebestimmungen mehr als streng. Die Einreisevorbereitung begann schon mit dem Einreiseantrag ESTA, der wochenlang vorher im Internet ausgefüllt werden musste und dessen Fragen teilweise mehr als merkwürdig klangen: »Haben Sie einen derzeitigen oder früheren Arbeitgeber?«, »Konsumieren Sie Drogen oder sind Sie drogenabhängig?«, »Haben Sie geplant, sich an einer terroristischen Aktivität, Spionage, Sabotage oder Völkermord zu beteiligen?«

Nun, da ich mich mit Fug und Recht als braven, unbescholtenen Bürger bezeichnen konnte, ging mein ESTA-Antrag durch und man gestattete mir gegen eine Gebühr, die Reise anzutreten.

So traf sich meine Reisegruppe gut gelaunt zur verabredeten Zeit am Gruppenschalter der Lufthansa am Frankfurter Flughafen. Der Flug zog sich mehr als elf Stunden lang, aber die Stimmung in der Gruppe war bestens und das blieb auch so bis zum Ende. Unser Hotel, ein individuelles Boutique-Hotel, lag direkt am legendären Sunset Boulevard, nicht weit entfernt von Beverly Hills. Keine schlechte Adresse für uns. Von dort aus unternahmen wir unsere Ausflüge, zunächst in der Umgebung, wie zum Beispiel Santa Monica und Venice Beach.

Foto: Werner Hau

Schade, in der Stadt der Stars und Sternchen entdeckte ich leider keine Berühmtheit. Vielleicht hätte ich sie auch ungeschminkt gar nicht erkannt. Auf diesem Gebiet waren meine Kenntnisse eher unterbelichtet. Viel interessanter waren da die vergangenen Musikergrößen der Sechziger- und Siebzigerjahre. Ihre Spuren in LA zu verfolgen, beeindruckte mich ungemein. Im Zimmer zu stehen, in dem Jim Morrison, der Lead-Sänger der Doors, einst lebte, empfand ich als einen ergreifenden Moment.

Foto: Werner Hau

Ebenso erging es mir in der Wohnung der großartigen Sängerin Whitney Houston. Das Wunderbare an diesen Besichtigungen war, dass uns der Musikexperte des SWR, Werner Köhler, alle sich ergebenden Fragen beantworten konnte.

Wo aber auch er arg ins Schwärmen geriet, war bei dem Besuch des Topanga-Festivals, das alljährlich im Tal des Topanga Canyon stattfindet. Es ist noch heute geprägt von der Hippie-Bewegung und der Flower-Power-Zeit der Siebzigerjahre. So lauschten wir einen Tag lang den zahlreichen Musikgruppen, die dort auftraten. Werner, der Musikfachmann, stand neben mir und sagte ganz gerührt und beseelt: »Dass ich das noch einmal erleben darf.« Dem konnte ich nur beipflichten.

Am kommenden Tag erlebten wir etwas ganz anderes. Wir besichtigten die Universal Studios, wo Hollywood-Filme gedreht werden. Vor vielen Jahren besuchte ich einmal die Bavaria Filmstudios in München, glaubte also bereits einige Vorerfahrungen zu haben, aber was wir hier von den Amerikanern zu sehen bekamen, war einfach nur grandios. Dieser Einblick in die Welt des Films zerstörte mit Sicherheit bei dem einen oder anderen aus unserer Gruppe so manche Illusion.

Weniger desillusionierend empfanden wir den Besuch des größten Musikgeschäfts von LA, ein Eldorado zum Stöbern und Plattenkaufen.

Aber auch in den USA haben die Tage nur vierundzwanzig Stunden, sodass auch dieses großartige Reiseerlebnis einmal zu Ende gehen musste.

Für mich bedeutete diese Fahrt ein fabelhafter Einstieg in mein Pensionärsdasein. Und ich nahm mir vor, weitere solcher Gelegenheiten beim Schopf zu ergreifen. Eine wunderbare Zeit konnte beginnen.